Matemáticas 4º ESO
2. Radicales y logaritmos

José Rodolfo Das López

Matemáticas 4º ESO - 2. Radicales y logaritmos
© José Rodolfo Das López, 2018.
Correo Electrónico: `jose.das@jrdas.org`
Diseño portada y contraportada: Claudia Escribano Máñez
Edita: Sección del IES Fernando III de Ayora en Jalance

ISBN: 978-84-17613-02-0
Depósito Legal: V-1551-2018
1ª edición: Mayo, 2018

Índice

Índice	**3**
1 Radicales. Propiedades y operaciones	**5**
2 Racionalización de denominadores	**30**
3 Logaritmos. Propiedades	**39**
Soluciones	**49**

1. Radicales. Propiedades y operaciones

La potenciación y la radicación son operaciones matemáticas inversas. Si, por ejemplo, 2 se eleva al cubo, se obtiene 8, y si se extrae la raíz cúbica de 8, se obtiene 2, que es el número de partida. Para designar esta operación se utiliza la palabra raíz, ya que proviene del término latino *radix*, que significa "origen". Cuando los matemáticos empezaron a servirse de símbolos en sus textos, la raíz cuadrada se abreviaba con $r)2$ o $r/2$ y, en opinión del matemático suizo **Leonhard Euler**, puede ser que una deformación de esta escritura llevara a nuestro actual símbolo $\sqrt{\ }$, que fue empleado por primera vez en 1525 por el matemático alemán **Christoph Rudolff** en un libro sobre álgebra titulado *Coss*.

Aunque el trabajo con raíces puede resultar difícil en un primer momento, en los siguientes apartados podremos comprobar que casi todas las operaciones que vamos a realizar con radicales son equivalentes a otras más sencillas usando fracciones. Dado que estas operaciones ya se dominan, no debería haber ningún problema a la hora de trabajar este tema.

> **Recuerda**
> En este tema has de tener muy presentes todas las propiedades de las operaciones con potencias
> - $a^0 = 1$
> - $a^1 = 1$
> - $a^n \cdot a^m = a^{n+m}$
> - $a^n : a^m = a^{n-m}$
> - $a^n \cdot b^n = (a \cdot b)^n$
> - $a^n : b^n = \left(\frac{a}{b}\right)^n$
> - $(a^n)^m = a^{n \cdot m}$

Expresión de un radical como una potencia de exponente fraccionario. Lo primero que vamos a ver es que cualquier radical puede expresarse como una potencia con exponente fraccionario.

La raíz de índice n de un número es igual a una potencia cuya base es el radicando y cuyo exponente es el número inverso del índice:

$$\sqrt[n]{a} = a^{\frac{1}{n}}$$

Una extensión inmediata de esta transformación es cuando el radicando, a su vez, es una potencia. En tal caso, aplicando la propiedad de una potencia elevada a otra, tenemos que:

$$\sqrt[n]{a^m} = (a^m)^{\frac{1}{n}} = a^{m \cdot \frac{1}{n}} = a^{\frac{m}{n}}$$

Ejercicio resuelto 1.1

Transforma las raíces $\sqrt{5}$, $\sqrt[6]{8}$, $\sqrt{7^3}$ y $\sqrt[5]{2^4}$ en formato de potencia.

Veamos las equivalencias entre números en formato radical y en forma potencial:

- $\sqrt{5} = 5^{\frac{1}{2}}$
- $\sqrt[6]{8} = 8^{\frac{1}{6}}$
- $\sqrt{7^3} = 7^{\frac{3}{2}}$
- $\sqrt[5]{2^4} = 2^{\frac{4}{5}}$

Ejercicios

1. Expresa en forma de radical las siguientes potencias:

    (a) $4^{\frac{1}{2}} =$

    (b) $125^{\frac{1}{2}} =$

    (c) $625^{\frac{1}{4}} =$

    (d) $8^{\frac{2}{3}} =$

    (e) $64^{\frac{5}{6}} =$

Ejercicios

2. Expresa en forma de potencia los siguientes radicales:

   (a) $\sqrt[5]{x} =$

   (b) $\sqrt[3]{\sqrt{x}} =$

   (c) $\left(\sqrt[3]{x^2}\right)^5 =$

   (d) $\sqrt[n]{\sqrt[m]{a^x}} =$

   (e) $\sqrt{\dfrac{a^{13}}{a^6}} =$

   (f) $\sqrt[15]{a^6} =$

3. Usa la calculadora para averiguar el valor de:

   (a) $2^{\frac{3}{7}} =$

   (b) $\sqrt[5]{2113} =$

   (c) $118^{\frac{3}{2}} =$

   (d) $\sqrt[6]{2223} =$

4. Calcula el valor de los radicales, descomponiendo el radicando en factores, y exprésalos en forma de potencia:

   (a) $\sqrt{8^4} =$

   (b) $\sqrt[6]{8^2} =$

   (c) $\sqrt[3]{-8} =$

   (d) $\sqrt[5]{1024} =$

   (e) $\sqrt{7^6} =$

   (f) $\sqrt[4]{81} =$

   (g) $\sqrt[5]{x^5} =$

   (h) $\sqrt[3]{y^{12}} =$

Radicales equivalentes y su obtención. Una de las primeras utilidades de escribir un radical como exponente fraccionario es la determinación de si dos radicales son o no equivalentes. Evidentemente, dos radicales son equivalentes si expresan el mismo número. La comprobación se realiza transformando cada uno de los radicales en un número con exponente fraccionario y comprobando si las fracciones de los exponentes son equivalentes, es decir

$$\sqrt[n]{x^m} \equiv \sqrt[p]{x^q} \text{ o, equivalentemente } x^{\frac{m}{n}} \equiv x^{\frac{q}{p}} \text{ si y sólo si } \frac{m}{n} \equiv \frac{q}{p}$$

Como se puede observar, sólo podremos determinar si dos radicales son equivalentes cuando las potencias están expresadas sobre la misma base. Es lo mismo que reducir dos fracciones a común denominador.

Ejercicio resuelto 1.2

Comprueba si $\sqrt[5]{4}$ y $\sqrt[10]{16}$ son equivalentes.

En primer lugar, transformamos ambas raíces a formato de potencia:
$$\sqrt[5]{4} = 4^{\frac{1}{5}} \text{ y } \sqrt[10]{16} = 16^{\frac{1}{10}}$$

Como se puede observar, las potencias no tienen la misma base, por lo que, de momento, no podemos compararlas. No obstante, sabemos que $4 = 2^2$ y que $16 = 2^4$, por lo que podemos escribir
$$4^{\frac{1}{5}} = \left(2^2\right)^{\frac{1}{5}} = 2^{\frac{2}{5}} \text{ y } 16^{\frac{1}{10}} = \left(2^4\right)^{\frac{1}{10}} = 2^{\frac{4}{10}}$$

Por último, como $\frac{2}{5} = \frac{4}{10}$, concluímos que ambas raíces son equivalentes.

Nota: No es necesario reducir a su descomposición en factores primos cada uno de los radicandos implicados, sólo hace falta ver si uno puede escribirse como potencia del otro. En este ejemplo, en lugar de tomar el 2 como factor base para calcular las fracciones de los exponentes, podríamos haber tomado de la misma forma el 4, ya que $4^2 = 16$.

Para obtener un radical equivalente a otro dado, $\sqrt[m]{a^n} = a^{\frac{n}{m}}$, lo único que necesitamos es crear fracciones equivalentes a la del exponente del radical original. Este proceso se puede realizar de dos maneras: por amplificación, multiplicando numerador y denominador por un número k:
$$\frac{n}{m} = \frac{k \cdot n}{k \cdot m} = \frac{p}{q}$$

o bien, por simplificación, dividiendo numerador y denominador por el mismo número: Suponiendo que a es un factor común a m y a n, dividimos ambos por este factor:
$$\frac{n}{m} = \frac{\not{a} \cdot n'}{\not{a} \cdot m'} = \frac{n'}{m'}$$

Ejercicios

5. Expresa en forma de potencia estas raíces y escribe tres radicales equivalentes en cada uno de los siguientes apartados:

   (a) $\sqrt[3]{2} =$

   (b) $\sqrt[3]{2^5} =$

   (c) $\sqrt[6]{5^6} =$

   (d) $\sqrt[4]{7^2} =$

   (e) $\sqrt{x^3} =$

   (f) $\sqrt[5]{a^2} =$

   (g) $\sqrt[5]{(3a)^2} =$

   (h) $\sqrt[5]{3a^2} =$

   (i) $\sqrt[6]{16b^4} =$

Ejercicios

6. Calcula tres radicales equivalentes a cada uno de los siguientes sin expresarlos previamente en forma de potencia:

   (a) $\sqrt[4]{5} =$

   (b) $\sqrt[9]{2^3} =$

   (c) $\sqrt[4]{2^3} =$

   (d) $\sqrt[3]{7} =$

   (e) $\sqrt[5]{x} =$

   (f) $\sqrt[5]{x^2} =$

   (g) $\sqrt[8]{9} =$

   (h) $\sqrt[12]{a^6} =$

   (i) $\sqrt[9]{x^2 y} =$

7. Halla en cada caso el valor de x:

   (a) $\sqrt[3]{5^x} = 5$

   (b) $\sqrt[6]{8^2} = \sqrt[3]{8^x}$

   (c) $9^{\frac{1}{5}} = \sqrt{3^x}$

   (d) $4 = \sqrt{2^x}$

   (e) $\sqrt[3]{x} = 8$

   (f) $x^{\frac{1}{4}} = 16$

   (g) $\sqrt[x]{121} = 11$

   (h) $\sqrt[x]{625} = 5$

   (i) $343^{\frac{1}{x}} = 7$

Simplificación del índice de un radical. Simplificar el índice de un radical consiste en obtener un radical equivalente con un índice menor. Para simplificar el índice de un radical, se descompone el radicando en factores primos y se divide el índice del radical y todos los exponentes del radicando entre el mismo número. Notar que la simplificación de un radical equivale a la simplificación de la fracción del exponente de la raíz en formato potencial.

> **Ejercicio resuelto 1.3**
>
> *Simplifica el radical $\sqrt[4]{64}$.*

En primer lugar, factorizamos el radicando: $64 = 2^6$. Después, transformamos el radical en forma de potencia: $\sqrt[4]{64} = \sqrt[4]{2^6} = 2^{\frac{6}{4}}$.

Por último, simplificamos la fracción del exponente, $\frac{6}{4} = \frac{3}{2}$. Por lo que el radical $\sqrt[4]{64}$ es equivalente a $\sqrt{2^3} = \sqrt{8}$.

Ejercicios

8. Simplifica al máximo los siguientes radicales:

   (a) $\sqrt[6]{125}$

   (b) $\sqrt[4]{6561}$

   (c) $\sqrt[3]{18^3}$

   (d) $\sqrt[5]{2} \cdot \sqrt[3]{2^{27}}$

   (e) $\sqrt[12]{x^9}$

   (f) $\sqrt[12]{x^8}$

   (g) $\sqrt[6]{8}$

   (h) $\sqrt[9]{64}$

   (i) $\sqrt[8]{81}$

   (j) $\sqrt{2 \cdot \sqrt[3]{32768}}$

   (k) $\sqrt[3]{a^3 \cdot b} \cdot \sqrt[6]{a \cdot b^4}$

   (l) $\sqrt[10]{a^4 \cdot b^6}$

   (m) $\sqrt[6]{5^3}$

   (n) $\sqrt[12]{a^4 b^8}$

   (ñ) $\sqrt[15]{2^{18}}$

   (o) $\sqrt[8]{(x^2 y^2)^2}$

   (p) $\sqrt[10]{a^8}$

   (q) $\sqrt[3]{\sqrt[4]{x^5 x^7}}$

Ejercicios

9. Calcula y expresa el resultado simplificando al máximo:

(a) $\sqrt{1764}$

(b) $\sqrt{3600}$

(c) $\sqrt[3]{8000}$

(d) $\sqrt[4]{4096}$

(e) $\sqrt[8]{0,0016}$

(f) $\sqrt[4]{\frac{9}{16}+1}$

(g) $\sqrt[4]{2^8}$

(h) $\sqrt[3]{1000}$

(i) $\sqrt[3]{\sqrt{121}}$

(j) $\sqrt{2\cdot\sqrt[3]{2^5}}$

(k) $\sqrt[5]{1024}$

(l) $\sqrt{\sqrt[3]{64}}$

(m) $\sqrt[12]{a^4\cdot b^8}$

(n) $\sqrt[3]{\sqrt[4]{x^7\cdot x^5}}$

(ñ) $\sqrt[3]{216}$

(o) $\sqrt[3]{\sqrt{1024}}$

Extracción de factores de un radical. En ocasiones, cuando el exponente de un factor del radicando es superior al índice de la raíz, podemos extraer este factor fuera de la raíz, quedando ésta más simple. Veamos un ejemplo:

Ejercicio resuelto 1.4

Extrae todos los factores posibles del radical $\sqrt{3240}$.

Lo primero que vamos a hacer es factorizar el radicando. En efecto, podemos escribir: $3240 = 2^3 \cdot 3^4 \cdot 5$. A continuación, dividimos cada uno de los exponentes por el índice de la raíz:

- Para el factor 2, dividimos su exponente (3) entre el índice de la raíz, 2: $3 \div 2$ da como cociente 1 y como resto 1. Esto significa que podemos sacar un 2 fuera de la raíz (un factor por el cociente 1), quedando otro dos dentro de la raíz (un 2 dentro por el 1 del resto).

- Para el factor 3, dividimos su exponente (4) entre el índice de la raíz, 2: $4 \div 2$ da como cociente 2 y como resto 0. Esto significa que podemos sacar dos treses (3^2) fuera de la raíz (dos factores por el cociente 2), no quedando ninguno dentro de la raíz (por el 0 del resto).

- Para el factor 5, dividimos su exponente (1) entre el índice de la raíz, 2: $1 \div 2$ da como cociente 0 y como resto 1. Esto significa que no podemos sacar ningún 5 fuera de la raíz (por el cociente 0), quedando el que hay dentro de la raíz (por el 1 del resto).

Así, tenemos que

$$\sqrt{3240} = \sqrt{2^3 \cdot 3^4 \cdot 5} = \left(2^3 \cdot 3^4 \cdot 5\right)^{\frac{1}{2}} = 2^{\frac{3}{2}} \cdot 3^{\frac{4}{2}} \cdot 5^{\frac{1}{2}} = 2^{1+\frac{1}{2}} \cdot 3^2 \cdot 5^{\frac{1}{2}} = 2 \cdot 3^2 \cdot 2^{\frac{1}{2}} \cdot 5^{\frac{1}{2}} =$$
$$= 2 \cdot 3^2 \cdot \sqrt{2 \cdot 5} = 18\sqrt{10}$$

Notar que, como podemos deducir del ejemplo, considerando la división entre el exponente del factor y el índice de la raíz

- Si el resto es cero, el factor no aparecerá en el radicando.

- Si el cociente es cero, el factor quedará igual en el radicando, es decir, si el exponente es menor que el índice, no se puede extraer ese factor.

Ejercicios

10. Extrae todos los factores posibles de los siguientes radicales:

    (a) $\sqrt{3^5}$

    (b) $\sqrt[6]{5^8}$

    (c) $\sqrt{8}$

    (d) $\sqrt[3]{16}$

Ejercicios

11. Extrae todos los factores posibles de los siguientes radicales:

    (a) $\sqrt[3]{54}$

    (b) $\sqrt{108}$

    (c) $\sqrt{5400}$

    (d) $\sqrt[3]{7^{10} \cdot 5^4}$

    (e) $\sqrt{18}$

    (f) $3\sqrt{48}$

    (g) $\sqrt[3]{32x^4}$

    (h) $\sqrt[3]{81a^3b^5c}$

    (i) $\sqrt[5]{64}$

    (j) $\sqrt{9a^3}$

    (k) $\sqrt{50a^2b}$

    (l) $\sqrt{98a^3b^3c^7}$

    (m) $2\sqrt{75x^4y^3}$

    (n) $3\sqrt{81x^3y^4}$

    (ñ) $\frac{1}{7}\sqrt{49x^3y^7}$

    (o) $\frac{1}{2}\sqrt{108a^3b^7}$

    (p) $\frac{1}{3}\sqrt{27a^3m^7}$

    (q) $\frac{3}{5}\sqrt{125mn^6}$

    (r) $2a\sqrt{44a^3b^7c^9}$

    (s) $2\sqrt[3]{16x^2y^7}$

    (t) $4\sqrt[3]{250a^3b^8}$

Ejercicios

12. Extrae todos los factores posibles de los siguientes radicales:

    (a) $\frac{2}{3}\sqrt[3]{27m^2n^8}$

    (b) $2xy\sqrt[3]{128x^2y^8}$

    (c) $5a\sqrt[3]{160x^7y^9z^{13}}$

    (d) $2\sqrt[4]{243}$

    (e) $\sqrt[4]{80a^4b^5c^{12}}$

    (f) $3\sqrt[4]{5x^8y^{14}z^{16}}$

    (g) $\frac{3}{2}\sqrt[4]{32mn^8}$

    (h) $\sqrt{\frac{27a^6m^3n^2}{392b^9c^2}}$

    (i) $6\sqrt{\frac{5a^3}{24x^2}}$

    (j) $5\sqrt{\frac{9n^3}{5m^2}}$

    (k) $\frac{3}{2}\sqrt{\frac{4a^2}{27y^3}}$

    (l) $2b^2\sqrt[3]{\frac{125}{4b^5}}$

    (m) $\frac{2}{3}\sqrt[3]{\frac{27x^4}{16a^2b^4}}$

    (n) $2xy\sqrt[4]{\frac{81a^9}{4x^5y^{12}}}$

13. Simplifica primero y extrae después todos los factores posibles:

    (a) $\sqrt[4]{9 \cdot 2^8 \cdot 5^4}$

    (b) $\sqrt[6]{8 \cdot 3^9 \cdot 5^3}$

Ejercicios

14. Simplifica primero y extrae después todos los factores posibles:

    (a) $\sqrt{81 \cdot a^8 \cdot b^{16} \cdot c^4}$

    (b) $\sqrt[10]{x^{15} \cdot y^{20} \cdot z^5}$

Introducción de factores en un radical. Para expresar con un solo radical el producto de un número por un radical, se siguen los procedimientos inversos a los utilizados en la extracción de factores.

Ejercicio resuelto 1.5

Escribe $2\sqrt[3]{6}$ como una única raíz.

En primer lugar, vamos a factorizar el radicando y a escribir la expresión en forma potencial:

$$2\sqrt[3]{6} = 2\sqrt[3]{2 \cdot 3} = 2 \cdot 2^{\frac{1}{3}} \cdot 3^{\frac{1}{3}}$$

ahora unimos los dos factores 2 en una misma potencia y, por último, pasamos de nuevo a forma radical:

$$2 \cdot 2^{\frac{1}{3}} \cdot 3^{\frac{1}{3}} = 2^1 \cdot 2^{\frac{1}{3}} \cdot 3^{\frac{1}{3}} = 2^{1+\frac{1}{3}} \cdot 3^{\frac{1}{3}} = 2^{\frac{4}{3}} \cdot 3^{\frac{1}{3}} = \sqrt[3]{2^4 \cdot 3} = \sqrt[3]{48}$$

Ejercicios

15. Introduce los siguientes factores dentro de cada radical:

    (a) $5\sqrt{2}$

    (b) $2\sqrt[3]{2}$

    (c) $3\sqrt[5]{7}$

    (d) $2\sqrt[3]{4}$

    (e) $3\sqrt[25]{7}$

    (f) $5\sqrt[7]{3^5}$

    (g) $\frac{1}{2}\sqrt[3]{8}$

    (h) $3\sqrt{5}$

    (i) $2\sqrt{3}$

    (j) $\frac{1}{2}\sqrt{2}$

Ejercicios

16. Introducir dentro del radical todos los factores posibles que se encuentren fuera de él:

(a) $2\sqrt{a}$

(b) $a\sqrt{5}$

(c) $5a^2\sqrt[4]{a}$

(d) $3a\sqrt{2a^2}$

(e) $5a\sqrt{b}$

(f) $3a^2\sqrt[3]{a^2b}$

(g) $5x^2y\sqrt{3}$

(h) $ab^2\sqrt[3]{a^2b}$

(i) $4m\sqrt[3]{2m^2}$

(j) $2a\sqrt[4]{8ab^3}$

(k) $4a\sqrt{2xy}$

(l) $a^3 \cdot b \cdot \sqrt[6]{c^5}$

(m) $\frac{1}{10}a^2m^3\sqrt[3]{axm^3}$

(n) $\frac{1}{2}a^{-2}b\sqrt[3]{4abx}$

(ñ) $\frac{1}{10}a^3x^2b\sqrt[3]{1000a^5bx^3}$

(o) $a^{-5}x^{-1}\sqrt{a^3x^{-2}}$

(p) $3n^3p\sqrt[4]{2m}$

(q) $5xy^5\sqrt{x^3y}$

(r) $20a^3b^2\sqrt[3]{2b^2}$

(s) $7b^2\sqrt[3]{3a}$

(t) $5mn^2p^3\sqrt{2m^3np^2}$

(u) $2a^2bc^3\sqrt[3]{7c}$

Radicales semejantes. Dos radicales son semejantes si se pueden expresar como múltiplos de un mismo radical. Para comprobar si dos radicales son semejantes, se extraen todos los factores posibles de cada uno y se observa si las dos expresiones obtenidas son múltiplos del mismo radical.

> **Ejercicio resuelto 1.6**
>
> *Comprueba que los radicales $\sqrt{112}$ y $\sqrt{175}$ son semejantes*
>
> Son semejantes ya que ambos son múltiplos del mismo radical, $\sqrt{7}$. Veamos por qué:
>
> $$\sqrt{112} = \sqrt{2^4 \cdot 7} = 2^2 \cdot \sqrt{2^0 \cdot 7} = 4\sqrt{7}$$
> $$\sqrt{175} = \sqrt{5^2 \cdot 7} = 5^1 \cdot \sqrt{5^0 \cdot 7} = 5\sqrt{7}$$

Ejercicios

17. Comprueba que estas expresiones radicales son semejantes:

    (a) $5\sqrt{3}$ y $-2\sqrt{3}$

    (b) $7\sqrt[3]{5}$ y $\frac{1}{3}\sqrt[3]{5}$

    (c) $\sqrt[3]{24}$ y $\sqrt[3]{81}$

    (d) $\sqrt{4 \cdot 5 \cdot 3}$ y $8\sqrt{15}$

    (e) $-\frac{1}{4}\sqrt[3]{72}$ y $\frac{1}{2}\sqrt[3]{1125}$

    (f) $\sqrt[5]{192}$ y $\sqrt[5]{1458}$

Suma y resta de radicales. Para la suma o resta de dos radicales, distinguimos dos casos:

- Si dos radicales son semejantes, su suma o su resta se puede expresar con otro radical. Para ello:
  - Si los radicales ya están expresados como múltiplos de un mismo radical, se suman o restan los coeficientes de los radicales y se multiplica el resultado por el radical común.
  - Si los radicales no están expresados como múltiplos de un mismo radical, se extraen los factores necesarios para conseguirlo y se procede como en el punto anterior.

- Si dos radicales no son semejantes, su suma o su resta no se puede expresar con un solo radical, por tanto, se deja indicado. Si es necesario operar con la suma o la resta, se puede sustituir cada uno de los radicales por una expresión decimal aproximada.

Ejercicio resuelto 1.7

Realiza la suma $5\sqrt{6}+3\sqrt{6}-\frac{3}{2}\sqrt{6}$.

Como se trata de un caso en el que todos los sumandos son semejantes, al compartir el radical $\sqrt{6}$, no tenemos más que sacarlo factor común y sumar o restar sus coeficientes, del siguiente modo:

$$5\sqrt{6}+3\sqrt{6}-\frac{3}{2}\sqrt{6} = \left(5+3-\frac{3}{2}\right)\sqrt{6} = \frac{13}{2}\sqrt{6}$$

Ejercicio resuelto 1.8

Realiza la suma $\sqrt[3]{80}-6\sqrt[3]{270}$.

Esta vez se trata de un caso en el que todos los sumandos son semejantes, pero que no están expresados como tales. Por tanto, en primer lugar es necesario transformarlos en radicales expresamente semejantes:

$$\sqrt[3]{80}-6\sqrt[3]{270} = \sqrt[3]{2^4\cdot 5}-6\sqrt[3]{2\cdot 3^3\cdot 5} = 2\sqrt[3]{2\cdot 5}-6\cdot 3\sqrt[3]{2\cdot 5} =$$
$$= 2\sqrt[3]{10}-18\sqrt[3]{10} = (2-18)\sqrt[3]{10} = -16\sqrt[3]{10}$$

Ejercicio resuelto 1.9

Realiza la suma $7\sqrt{5}+4\sqrt{3}-6\sqrt{5}+2\sqrt{3}$.

En esta suma tenemos dos grupos de radicales semejantes, los que comparten $\sqrt{5}$ y las que comparten $\sqrt{3}$ que hay que sumar por separado:

$$7\sqrt{5}+4\sqrt{3}-6\sqrt{5}+2\sqrt{3} = (7-6)\sqrt{5}+(4+2)\sqrt{3} = \sqrt{5}+6\sqrt{3}$$

ya no podemos reducirlo más, porque las raíces no son semejantes.

Ejercicios

18. Calcula y simplifica las siguientes expresiones:

    (a) $5\sqrt{5}-\sqrt{80}+\sqrt{20}$

    (b) $\sqrt{18}-\sqrt{2}+\sqrt{50}$

    (c) $\sqrt{320}-\sqrt{500}+\sqrt{80}$

    (d) $\sqrt[3]{40}-\sqrt[3]{5}+\sqrt[3]{135}$

    (e) $\sqrt{8}+\sqrt{18}-\sqrt{98}$

    (f) $\sqrt{45}+\sqrt{180}-\sqrt{20}$

Ejercicios

19. Calcula y simplifica las siguientes expresiones:

(a) $3\sqrt{81}+3\sqrt{375}$

(b) $\sqrt{175}-5\sqrt{63}+2\sqrt{112}$

(c) $3\sqrt{8}+4\sqrt{50}-6\sqrt{18}$

(d) $2\sqrt{27}-2\sqrt{12}+9\sqrt{75}$

(e) $\dfrac{2}{5}\sqrt{50}-\sqrt{8}+3\sqrt{18}$

(f) $5\sqrt{\dfrac{1}{12}}+2\sqrt{\dfrac{1}{3}}+\sqrt{\dfrac{1}{27}}$

(g) $\sqrt[4]{25}+3\sqrt[6]{125}-\sqrt{80}$

(h) $3\sqrt{2}+4\sqrt{8}-\sqrt{32}+\sqrt{50}$

(i) $\sqrt{9}+\sqrt{8}-\sqrt{27}+\sqrt{75}-\sqrt{2}+4$

(j) $5\sqrt{343}-3\sqrt{28}-\sqrt{125}$

(k) $\sqrt[3]{250}-2\sqrt[3]{13}+\sqrt[3]{54}$

(l) $\sqrt{45}-\sqrt{27}-\sqrt{20}$

(m) $\sqrt{20}+\sqrt{196}-\sqrt{25}-\sqrt{36}+\sqrt{45}$

(n) $\sqrt{75}-\sqrt{147}+\sqrt{675}-\sqrt{12}$

(ñ) $\sqrt{175}+\sqrt{243}-\sqrt{63}-2\sqrt{75}$

(o) $\sqrt{80}-2\sqrt{252}+3\sqrt{405}-3\sqrt{500}$

Ejercicios

20. Calcula y simplifica las siguientes expresiones:

(a) $2\sqrt{450}+9\sqrt{12}-7\sqrt{48}-3\sqrt{98}$

(b) $\sqrt{18}+\sqrt{50}-\sqrt{2}-\sqrt{8}$

(c) $7\sqrt{450}-4\sqrt{320}+3\sqrt{80}-5\sqrt{800}$

(d) $\sqrt{20}+\frac{1}{3}\sqrt{45}+2\sqrt{125}$

(e) $\frac{1}{4}\sqrt{80}-\frac{1}{6}\sqrt{63}-\frac{1}{9}\sqrt{180}$

(f) $5\sqrt{50}+\frac{3}{14}\sqrt{98}-\frac{1}{3}\sqrt{162}$

(g) $2\sqrt{45}-\frac{3}{4}\sqrt{125}-\frac{1}{2}\sqrt{180}$

(h) $\frac{1}{2}\sqrt{12}-\frac{1}{3}\sqrt{18}+\frac{3}{4}\sqrt{48}+\frac{1}{6}\sqrt{72}$

(i) $\frac{3}{4}\sqrt{176}-\frac{2}{3}\sqrt{45}+\frac{1}{8}\sqrt{320}+\frac{1}{5}\sqrt{275}$

(j) $\frac{1}{7}\sqrt{147}-\frac{1}{5}\sqrt{700}+\frac{1}{10}\sqrt{28}+\frac{1}{3}\sqrt{2187}$

(k) $\frac{1}{2}\sqrt{3}-\sqrt{27}+\frac{1}{3}\sqrt{108}-\frac{3}{5}\sqrt{300}$

(l) $\sqrt[3]{54}-\sqrt[3]{24}-\sqrt[3]{16}$

(m) $\sqrt[3]{875}+\sqrt[3]{448}+\sqrt[3]{189}$

(n) $\sqrt[3]{40}+\sqrt[3]{1029}-\sqrt[3]{625}$

(ñ) $3\sqrt[3]{-24}-4\sqrt[3]{-81}-\sqrt[3]{-375}$

(o) $2\sqrt[3]{250}-4\sqrt[3]{24}-6\sqrt[3]{16}+2\sqrt[3]{2187}$

Ejercicios

21. Calcula y simplifica las siguientes expresiones:

(a) $\sqrt[3]{81} - 3\sqrt[3]{375} + \sqrt[3]{686} + 2\sqrt[3]{648}$

(b) $5\sqrt[3]{48} - 3\sqrt[3]{3645} - 2\sqrt[3]{384} + 4\sqrt[3]{1715}$

(c) $4\sqrt[3]{-320} - 10\sqrt[3]{-40} - 2\sqrt[3]{-54} + 3\sqrt[3]{-1024}$

(d) $3\sqrt[3]{108} + \frac{1}{10}\sqrt[3]{625} + \frac{1}{7}\sqrt[3]{1715} - 4\sqrt[3]{32}$

(e) $\frac{1}{2}\sqrt[3]{24} - \frac{2}{3}\sqrt[3]{54} + \frac{3}{5}\sqrt[3]{375} - \frac{1}{4}\sqrt[3]{128}$

(f) $\frac{3}{5}\sqrt[3]{625} - \frac{3}{2}\sqrt[3]{192} + \frac{1}{7}\sqrt[3]{1715} - \frac{3}{8}\sqrt[3]{1536}$

Reducción de radicales a índice común. En ocasiones, como veremos en breve en las operaciones de multiplicación y división de radicales, es conveniente escribir dos o más radicales de forma que tengan la raíz con el mismo índice. Esta operación es muy simple desde el momento en el que convertimos todos los radicales implicados a forma de potencia fraccionaria. Como ya hemos indicadon anteriormente, la mayoría de las operaciones con radicales se pueden transformar a operaciones equivalentes de fracciones cuando trabajamos con los exponentes. También es éste nuestro caso: para transformar dos o más raíces a común índice, basta con escribirlas en forma de potencia y reducir las fracciones de los exponentes a común denominador. Veamos un ejemplo.

Ejercicio resuelto 1.10

Reduce a índice común las raíces $\sqrt{5}$ *y* $\sqrt[3]{7}$.

En primer lugar escribimos ambas raíces en formato potencial: $5^{\frac{1}{2}}$ y $7^{\frac{1}{3}}$, respectivamente. Así pues, el problema original se restringe ahora a reducir las fracciones $\frac{1}{2}$ y $\frac{1}{3}$ a común denominador, que es muy sencillo. En efecto, el mínimo comun múltiplo de 2 y 3 es 6 y las fracciones equivalentes a las anteriores son, respectivamente, $\frac{3}{6}$ y $\frac{2}{6}$ y, por tanto, las raíces con el indice común $5^{\frac{3}{6}}$ y $7^{\frac{2}{6}}$, o bien $\sqrt[6]{5^3}$ y $\sqrt[6]{7^2}$.

Ejercicios

22. Reducir al mínimo común índice los siguientes radicales:

(a) $\sqrt{5}$; $\sqrt[4]{3}$

(b) $\sqrt[3]{4}$; $\sqrt[4]{8}$; $\sqrt{3}$

Ejercicios

23. Reducir al mínimo común índice los siguientes radicales:

(a) $\sqrt[3]{4};\ \sqrt[4]{2};\ \sqrt{3}$

(b) $\sqrt[4]{3};\ \sqrt[4]{2};\ \sqrt{5}$

(c) $\sqrt{3};\ \sqrt[6]{32};\ \sqrt[3]{5}$

(d) $\sqrt[4]{3};\ \sqrt[5]{4};\ \sqrt{15}$

(e) $\sqrt{2};\ \sqrt[3]{3};\ \sqrt[4]{5};\ \sqrt[6]{7}$

(f) $\sqrt[3]{2};\ \sqrt[6]{3};\ \sqrt[9]{9}$

(g) $\sqrt[3]{3x};\ \sqrt{5a^2};\ \sqrt[6]{4m}$

(h) $\sqrt{5x};\ \sqrt[3]{4x^2y};\ \sqrt[6]{7a^3b}$

(i) $2\sqrt[3]{a};\ 3\sqrt{2b};\ 4\sqrt[4]{5x^2}$

(j) $\sqrt[6]{15a^3x^2};\ \sqrt{2a};\ \sqrt[3]{3a^2b}$

(k) $\sqrt[4]{8a^2x^3};\ \sqrt[6]{3a^5m^4}$

(l) $\sqrt{2m};\ 3\sqrt[5]{a^3x^4};\ 2\sqrt[10]{x^7y^2}$

(m) $\sqrt[3]{2mn};\ \sqrt[5]{3m^2p};\ \sqrt[15]{5m^3p^2}$

(n) $\sqrt[6]{2y^3};\ \sqrt[3]{x^2};\ \sqrt[9]{5m^7}$

Multiplicación y división de radicales. A la hora de multiplicar o dividir radicales debemos distinguir dos casos, dependiendo de si el índice es el mismo o no:

- El producto o cociente de dos radicales con el mismo índice es otro radical de igual índice, cuyo radicando es el producto o cociente de los radicandos:

$$\sqrt[n]{a} \cdot \sqrt[n]{b} = \sqrt[n]{a \cdot b}$$
$$\sqrt[n]{a} : \sqrt[n]{b} = \sqrt[n]{a : b}$$

- Para multiplicar o dividir radicales con distinto índice, se sustituye cada radical por otro equivalente de manera que todos tengan el índice común. Después se procede como en el apartado anterior. Puesto que los radicales deben ser equivalentes a los primeros, el índice común ha de ser un múltiplo común de todos los índices, tal y como hemos visto en la parte de reducir radicales a índice común. Para simplificar los cálculos, lo más sencillo es elegir como índice común el mínimo común múltiplo de los índices.

Ejercicio resuelto 1.11

Realiza las siguientes multiplicaciones: $\sqrt[5]{8} \cdot \sqrt[5]{6}$ *y* $\sqrt[3]{7} : \sqrt[3]{5}$

$$\sqrt[5]{8} \cdot \sqrt[5]{6} = \sqrt[5]{48} \qquad \sqrt[3]{7} : \sqrt[3]{5} = \sqrt[3]{\frac{7}{5}}$$

Ejercicio resuelto 1.12

Realiza las siguientes operaciones: $\sqrt[4]{8} \cdot \sqrt[6]{40}$ *y* $\sqrt[6]{6} : \sqrt[8]{9}$

Primero la multiplicación:

$$\sqrt[4]{8} \cdot \sqrt[6]{40} = 8^{\frac{1}{4}} \cdot 40^{\frac{1}{6}} = 8^{\frac{3}{12}} \cdot 40^{\frac{2}{12}} = (2^3)^{\frac{3}{12}} \cdot (2^3 \cdot 5)^{\frac{2}{12}} = \left((2^3)^3 \cdot (2^3 \cdot 5)^2\right)^{\frac{1}{12}} =$$
$$= \sqrt[12]{2^9 \cdot 2^6 \cdot 5^2} = \sqrt[12]{2^{15} \cdot 5^2} = 2\sqrt[12]{2^3 \cdot 5^2} = 2\sqrt[12]{200}$$

y ahora la división:

$$\sqrt[6]{6} : \sqrt[8]{9} = 6^{\frac{1}{6}} : 9^{\frac{1}{8}} = 6^{\frac{4}{24}} : 9^{\frac{3}{24}} = (2 \cdot 3)^{\frac{4}{24}} : (3^2)^{\frac{3}{24}} = \left((2 \cdot 3)^4 : (3^2)^3\right)^{\frac{1}{24}} =$$
$$= \sqrt[24]{\frac{2^4 \cdot 3^4}{3^6}} = \sqrt[24]{\frac{2^4}{3^2}} = \sqrt[12]{\frac{2^2}{3}} = \sqrt[12]{\frac{4}{3}}$$

Ejercicios

24. Multiplicar los siguientes radicales indicados:

    (a) $\sqrt{3} \cdot \sqrt{6}$

    (b) $5\sqrt{12} \cdot 3\sqrt{75}$

    (c) $2\sqrt{15} \cdot 3\sqrt{10}$

    (d) $5\sqrt{21} \cdot 2\sqrt{3}$

Ejercicios

25. Multiplicar los siguientes radicales indicados:

    (a) $\frac{1}{2}\sqrt{14} \cdot \frac{2}{7}\sqrt{21}$

    (b) $3\sqrt{6} \cdot \sqrt{14} \cdot 2\sqrt{35}$

    (c) $\frac{1}{2}\sqrt{21} \cdot \frac{2}{3}\sqrt{42} \cdot \frac{3}{7}\sqrt{22}$

    (d) $\sqrt[3]{12} \cdot \sqrt[3]{9}$

    (e) $\frac{5}{6}\sqrt[3]{15} \cdot 12\sqrt[3]{50}$

    (f) $\frac{2}{3}\sqrt[3]{4} \cdot \frac{3}{4}\sqrt[3]{6}$

    (g) $3\sqrt[3]{45} \cdot \frac{1}{6}\sqrt[3]{15} \cdot 4\sqrt[3]{20}$

    (h) $\sqrt[3]{2} \cdot \sqrt[5]{2}$

    (i) $\sqrt[3]{9} \cdot \sqrt[6]{3}$

    (j) $\sqrt[4]{3} \cdot \sqrt[3]{4}$

    (k) $\sqrt{5} \cdot \sqrt[3]{16} \cdot \sqrt{12}$

26. Multiplicar los siguientes radicales indicadoss:

    (a) $3\sqrt{2ab} \cdot 4\sqrt[4]{8a^3}$

    (b) $5\sqrt{2a} \cdot \sqrt[3]{4a^2b}$

    (c) $\sqrt[3]{9x^2y} \cdot \sqrt[6]{81x^5}$

    (d) $3\sqrt{ab} \cdot 2a\sqrt{b}$

Ejercicios

27. Multiplicar los siguientes radicales indicados:

(a) $x\sqrt{2a} \cdot \frac{1}{2}\sqrt{5a}$

(b) $2\sqrt{a^2x} \cdot \frac{3}{2}\sqrt{a^3}$

(c) $\sqrt[3]{9x^2y} \cdot \sqrt[3]{81x^5}$

(d) $\frac{3}{4}\sqrt[3]{9a^2} \cdot 8\sqrt[3]{3ab}$

(e) $-2\sqrt[3]{a} \cdot \frac{3}{4}\sqrt[3]{ax}$

(f) $\sqrt[3]{\frac{2x^4}{25y^5}} \cdot \sqrt[3]{\frac{4x^5}{5y}}$

(g) $\sqrt{2a} \cdot \sqrt{3a} \cdot \sqrt{6a}$

(h) $\sqrt[3]{a} \cdot \sqrt[3]{a^2} \cdot \sqrt[3]{b^4} \cdot \sqrt[3]{b^2}$

(i) $\sqrt{5a} \cdot \sqrt{10ab} \cdot \sqrt{8a^3b} \cdot \sqrt{a}$

(j) $\sqrt[3]{a^2b^2} \cdot 2\sqrt[4]{3a^3b}$

(k) $\sqrt[4]{25x^2y^3} \cdot \sqrt[6]{125x^2}$

(l) $-\frac{5}{3}a^2b\sqrt{ab^3} \cdot \left(-\frac{3}{a}\sqrt{a^2b}\right)$

(m) $\frac{2}{3}\sqrt[4]{4m^2} \cdot \frac{3}{4}\sqrt[5]{16m^4n}$

(n) $3ab\sqrt[4]{a^3b^2} \cdot \frac{3}{a}\sqrt[3]{a^2b}$

28. Dividir los siguientes radicales indicados:

(a) $4\sqrt{6} \div 2\sqrt{3}$

(b) $2\sqrt{50} \div 6\sqrt{24}$

Ejercicios

29. Dividir los siguientes radicales indicados:

    (a) $20\sqrt{2} \div 2\sqrt{4}$

    (b) $12\sqrt{3} \div 4\sqrt{3}$

    (c) $\sqrt{18} \div \sqrt{25}$

    (d) $7\sqrt{13} \div 28\sqrt{26}$

    (e) $-9\sqrt{8} \div \sqrt{2}$

    (f) $-2\sqrt{50} \div \left(-\sqrt{5}\right)$

    (g) $\sqrt[3]{88} \div \sqrt[3]{11}$

    (h) $\sqrt[3]{5} \div \sqrt[3]{3}$

30. Dividir los siguientes radicales indicados:

    (a) $2\sqrt{3a} \div 10\sqrt{a}$

    (b) $\sqrt{75x^2y^3} \div 5\sqrt{3xy}$

    (c) $4x\sqrt{a^3x^2} \div 2\sqrt{a^2x^3}$

    (d) $\frac{1}{2}\sqrt{3xy} \div \frac{3}{4}\sqrt{x}$

    (e) $3\sqrt[3]{16a^5} \div 4\sqrt[3]{2a^2}$

    (f) $2\sqrt[3]{81x^2} \div 3\sqrt[3]{3x^2}$

    (g) $\frac{2a}{3}\sqrt[3]{x^2} \div \frac{a}{3x^2}\sqrt[3]{x^3}$

    (h) $-\frac{1}{2}\sqrt[4]{x^3} \div \sqrt[4]{16x^{-5}}$

Ejercicios

31. Dividir los siguientes radicales indicados:

(a) $2\sqrt[5]{xy} \div \left(-3\sqrt[5]{x^{-2}}\right)$

(b) $\sqrt[7]{ab^3c} \div \left(-\sqrt[7]{a^2b^5}\right)$

(c) $-2\sqrt[7]{m^5x^2} \div 4\sqrt[7]{mx}$

(d) $\frac{4}{3}\sqrt[10]{2x^5} \div \frac{3}{4}\sqrt[10]{4x^2}$

(e) $\sqrt{9x} \div \sqrt[3]{3x^2}$

(f) $\sqrt[3]{8a^3b} \div \sqrt[4]{4a^2}$

(g) $\sqrt[3]{5m^2n} \div \sqrt[5]{m^3n^2}$

(h) $\sqrt[3]{3m^4} \div \sqrt[9]{27m^2}$

(i) $\sqrt[6]{18x^3y^4z^5} \div \sqrt[4]{3x^2y^2z^3}$

(j) $2a\sqrt[4]{3x^2y} \div 6a^2\sqrt[6]{x^5y^2}$

(k) $\sqrt[3]{4a^2} \div \sqrt[4]{2a}$

32. Calcula y simplifica:

(a) $\frac{\sqrt{2}\cdot\sqrt[3]{2^2}}{\sqrt[4]{2^3}}$

(b) $\frac{\sqrt[8]{8}}{\sqrt{2}\sqrt[4]{3}}$

(c) $\frac{4\sqrt[4]{6}}{2\sqrt{3}}$

Ejercicios

33. Realiza las siguientes operaciones combinadas:

(a) $\left(\sqrt{2}-\sqrt{3}\right)\cdot\sqrt{2}$

(b) $\left(7\sqrt{5}+5\sqrt{3}\right)\cdot 2\sqrt{3}$

(c) $\left(2\sqrt{3}+\sqrt{5}-5\sqrt{2}\right)\cdot 4\sqrt{15}$

(d) $\left(4-\sqrt{2}\right)\cdot\left(2+5\sqrt{2}\right)$

(e) $\left(\sqrt{2}-\sqrt{3}\right)\cdot\left(\sqrt{2}+2\sqrt{3}\right)$

(f) $\left(\sqrt{5}+2\sqrt{3}\right)\cdot\left(\sqrt{5}-\sqrt{3}\right)$

(g) $(3\sqrt{7}-2\sqrt{3})\cdot(5\sqrt{3}+4\sqrt{7})$

(h) $\left(\sqrt{5}+5\sqrt{3}\right)\cdot\left(2\sqrt{5}+3\sqrt{3}\right)$

(i) $\left(7\sqrt{5}-11\sqrt{7}\right)\cdot\left(5\sqrt{5}-8\sqrt{7}\right)$

(j) $\left(3\sqrt{2}-5\sqrt{3}\right)\cdot\left(4\sqrt{2}+\sqrt{3}\right)$

(k) $\left(\sqrt{a}+\sqrt{b}\right)\cdot\sqrt{ab}$

(l) $(2\sqrt{x}+\sqrt{y})\cdot\sqrt{x}$

(m) $\left(\sqrt{a}-\sqrt{2ab}\right)\cdot 3\sqrt{a}$

(n) $\left(4\sqrt{\frac{1}{4}y}-\frac{1}{2}\sqrt{xy}\right)\cdot\sqrt{x}$

(ñ) $(\sqrt{a}-2\sqrt{x})\cdot(3\sqrt{a}+\sqrt{x})$

(o) $\left(\sqrt[3]{27a^2b}+\sqrt[3]{125ab^2}\right)\cdot\frac{1}{3}\sqrt[3]{a}$

Potencia de un radical. Una potencia cuya base es un radical es otro radical de igual índice y cuyo radicando es la base elevado al exponente de la potencia:

$$\boxed{(\sqrt[n]{a})^p = \sqrt[n]{a^p}}$$

Hay que notar que esta expresión no es más que una extensión de la propiedad de una potencia elevada a otra para exponentes enteros. De hecho, si transformamos el radical a formato potencial, se ve de inmediato:

$$\boxed{(\sqrt[n]{a})^p = \left(a^{\frac{1}{n}}\right)^p = a^{\frac{1}{n}\cdot p} = a^{\frac{p}{n}} = \sqrt[n]{a^p}}$$

Ejercicio resuelto 1.13

Calcula $\left(\sqrt[4]{2}\right)^3$.

Es una aplicación inmediata de la expresión anterior:

$$\left(\sqrt[4]{2}\right)^3 = \left(2^{\frac{1}{4}}\right)^3 = 2^{\frac{1}{4}\cdot 3} = 2^{\frac{3}{4}} = \sqrt[4]{2^3} = \sqrt[4]{8}$$

Ejercicio resuelto 1.14

Calcula $\sqrt[5]{\sqrt[4]{3^{15}}}$.

Este ejemplo es muy sencillo a pesar de tener anidadas dos raíces, basta con transformar ambas en exponentes fraccionarios y aplicar las propiedades anteriores:

$$\sqrt[5]{\sqrt[4]{3^{15}}} = \left(\left(3^{15}\right)^{\frac{1}{4}}\right)^{\frac{1}{5}} = 3^{15\cdot\frac{1}{4}\cdot\frac{1}{5}} = 3^{\frac{15}{20}} = 3^{\frac{3}{4}} = \sqrt[4]{27}$$

Ejercicios

34. Efectúa las siguientes potencias y simplifica el resultado cuando sea posible:

    (a) $\left(\sqrt{3}\right)^2$

    (b) $\left(\sqrt[3]{4}\right)^3$

    (c) $\left(\sqrt{5}\right)^4$

    (d) $\left(\sqrt[3]{2}\right)^2$

Ejercicios

35. Efectúa las siguientes potencias y simplifica el resultado cuando sea posible:

(a) $\left(\sqrt[3]{6}\right)^5$

(b) $\left(\sqrt[10]{7}\right)^5$

(c) $\left(\sqrt[6]{3^2}\right)^2$

(d) $\left(\sqrt[8]{5^3}\right)^6$

36. Calcula y simplifica:

(a) $\sqrt[3]{3\sqrt[4]{3\sqrt[5]{3^2}}}$

(b) $\sqrt{\sqrt{\sqrt{216}}}$

(c) $\sqrt[3]{125\cdot\sqrt{32\cdot\sqrt[3]{8}}}$

(d) $\left(\sqrt{\sqrt{\sqrt{2}}}\right)^8$

(e) $\sqrt{\sqrt{16}}$

(f) $\sqrt[3]{\sqrt{729}}$

(g) $\sqrt[4]{\sqrt{6561}}$

(h) $\sqrt[4]{\sqrt[3]{4096}}$

(i) $\sqrt{\sqrt{5}}$

(j) $\sqrt{\sqrt[3]{7}}$

(k) $\sqrt[5]{\sqrt[3]{2}}$

(l) $\sqrt[3]{2\sqrt{5}}$

Ejercicios

37. Calcula

    (a) $\left(\sqrt{2^3 \cdot 3} \cdot \sqrt{3} : \sqrt[6]{2^5 \cdot 3^2}\right)^2$

    (b) $\left(\sqrt[3]{2^3 \cdot 5} \cdot \sqrt[8]{5^3}\right)^3$

    (c) $\left(\sqrt[3]{a^2}\right)^6$

    (d) $(\sqrt{x})^3 \cdot (\sqrt[3]{x})$

2 Racionalización de denominadores

Dada una expresión con radicales en el denominador, en ocasiones conviene encontrar otra expresión equivalente que contenga radicales sólo en el numerador. Este procedimiento se conoce con el nombre de racionalización de denominadores.

Ejercicio resuelto 2.1

Racionaliza la siguiente fracción $\frac{5}{\sqrt{2}}$.

Al multiplicar el dividendo y el divisor por el mismo número, el cociente no varía. Si se multiplica por $\sqrt{2}$:

$$\frac{5}{\sqrt{2}} = \frac{5 \cdot \sqrt{2}}{\sqrt{2} \cdot \sqrt{2}} = \frac{5 \cdot \sqrt{2}}{\sqrt{4}} = \frac{5 \cdot \sqrt{2}}{2}$$

Se obtiene, así, un cociente equivalente que no tiene radicales en el divisor. Este proceso es muy útil para simplificar algunos cálculos.

Las operaciones necesarias para racionalizar un denominador dependen de lo que haya en el denominador. A este respecto distinguimos tres casos posibles:

Primer caso: Denominadores con $\sqrt{a}$. Cuando el denominador contiene un único sumando en el que hay un radical de índice 2, se multiplica y divide la expresión por dicho radical:

Ejercicio resuelto 2.2

Racionaliza la expresión: $\frac{2}{3\sqrt{5}}$.

En el denominador aparece sólo el radical $\sqrt{5}$, por lo que hemos de multiplicar numerador y denominador por $\sqrt{5}$:
$$\frac{2}{3\sqrt{5}} = \frac{2\cdot\sqrt{5}}{3\cdot\sqrt{5}\cdot\sqrt{5}} = \frac{2\cdot\sqrt{5}}{3\sqrt{25}} = \frac{2\cdot\sqrt{5}}{3\cdot 5} = \frac{2\sqrt{5}}{15}$$

Ejercicios

38. Racionalizar el denominador de los siguientes cocientes, correspondientes al primer caso:

(a) $\dfrac{2}{\sqrt{7}}$

(b) $\dfrac{1}{\sqrt{3}}$

(c) $\dfrac{5}{\sqrt{2}}$

(d) $\dfrac{3}{\sqrt{15}}$

(e) $\dfrac{12}{\sqrt{6}}$

(f) $\dfrac{33}{\sqrt{33}}$

(g) $\dfrac{3}{4\sqrt{5}}$

(h) $\dfrac{3}{2\sqrt{5}}$

(i) $\dfrac{7}{3\sqrt{3}}$

(j) $\dfrac{9}{\sqrt{3}}$

(k) $\dfrac{15}{3\sqrt{5}}$

(l) $\dfrac{1+\sqrt{6}}{2\sqrt{3}}$

(m) $\dfrac{3\sqrt{27}}{\sqrt{3}}$

(n) $\dfrac{3}{2\sqrt{3}}$

Ejercicios

39. Calcula

(a) $\dfrac{4}{3\sqrt{2}}$

(b) $\dfrac{\sqrt{5}}{\sqrt{7}}$

(c) $\dfrac{a}{\sqrt{b}}$

(d) $\dfrac{2a}{\sqrt{2ax}}$

(e) $\dfrac{5n^2}{3\sqrt{mn}}$

(f) $\dfrac{2x\sqrt[3]{4y}}{2y\sqrt{2x}}$

40. Agrupa en una sola fracción la expresión $\sqrt{32} - \dfrac{\sqrt{50}}{2} + \dfrac{5}{\sqrt{18}}$.

Segundo caso: Racionalización de cocientes con denominadores de la forma $\sqrt[n]{a^b}$. Este segundo caso es una extensión inmediata del primero, puesto que simplemente admitimos la posibilidad de tener raíces con índice superior al cuadrado. No obstante, cabe distinguir dos posibilidades:

- Si el índice de la raíz es mayor que el exponente del radicando, se multiplica el numerador y el denominador por $\sqrt[n]{a^{n-b}}$. De este modo, el denominador será:

$$\sqrt[n]{a^b} \cdot \sqrt[n]{a^{n-b}} = \sqrt[n]{a^b \cdot a^{n-b}} = \sqrt[n]{a^{b+n-b}} = \sqrt[n]{a^n} = a$$

- Si el índice de la raíz es menor que el exponente del radicando, se extraen factores del radical y se procede como en el caso anterior.

Ejercicio resuelto 2.3

Racionaliza la expresión $\dfrac{4}{\sqrt[3]{5}}$.

En el denominador aparece sólo el radical $\sqrt[3]{5}$, por lo que hemos de multiplicar numerador y denominador por $\sqrt[3]{5^{3-1}} = \sqrt[3]{5^2}$:

$$\frac{4}{\sqrt[3]{5}} = \frac{4 \cdot \sqrt[3]{5^2}}{\sqrt[3]{5} \cdot \sqrt[3]{5^2}} = \frac{4 \cdot \sqrt[3]{5^2}}{\sqrt[3]{5^3}} = \frac{4\sqrt[3]{5^2}}{5}$$

Ejercicio resuelto 2.4

Racionaliza la expresión $\frac{3}{\sqrt[5]{4^7}}$.

En el denominador aparece sólo el radical $\sqrt[5]{4^7}$, en el que, además, el exponente del radicando es superior al índice de la raíz, por lo que hemos de primero extraer un factor 4:

$$\sqrt[5]{4^7} = \sqrt[5]{4^{5+2}} = \sqrt[5]{4^5 \cdot 4^2} = \sqrt[5]{4^5} \cdot \sqrt[5]{4^2} = 4\sqrt[5]{4^2}$$

y después multiplicar numerador y denominador por $\sqrt[5]{4^{5-2}} = \sqrt[5]{4^3}$:

$$\frac{3}{4\sqrt[5]{4^2}} = \frac{3 \cdot \sqrt[5]{4^3}}{4\sqrt[5]{4^2} \cdot \sqrt[5]{4^3}} = \frac{3 \cdot \sqrt[5]{4^3}}{4\sqrt[5]{4^{2+3}}} = \frac{3 \cdot \sqrt[5]{4^3}}{4\sqrt[5]{4^5}} = \frac{3 \cdot \sqrt[5]{4^3}}{4^2}$$

Ejercicios

41. Racionalizar el denominador de los siguientes cocientes, correspondientes al segundo caso:

    (a) $\frac{6}{\sqrt[4]{3}}$

    (b) $\frac{1}{\sqrt[5]{7}}$

    (c) $\frac{2}{\sqrt[6]{16}}$

    (d) $\frac{1}{\sqrt[3]{25}}$

    (e) $\frac{3}{\sqrt[3]{5}}$

    (f) $\frac{5}{\sqrt[3]{2}}$

    (g) $\frac{1}{\sqrt[5]{3^2}}$

    (h) $\frac{1}{\sqrt[3]{9x}}$

    (i) $\frac{5}{\sqrt[3]{4a^2}}$

    (j) $\frac{6}{5\sqrt[3]{3x}}$

Ejercicios

42. Racionalizar el denominador de los siguientes cocientes, correspondientes al segundo caso:

(a) $\dfrac{3}{\sqrt[4]{9a}}$

(b) $\dfrac{x}{\sqrt[4]{27x^2}}$

(c) $\dfrac{\sqrt{3c^2}}{\sqrt[3]{9c}}$

(d) $\dfrac{1}{5a\sqrt[4]{25x^3}}$

(e) $\dfrac{1}{\sqrt[5]{8a^4c}}$

(f) $\dfrac{12}{\sqrt[5]{8a^2b}}$

(g) $\dfrac{3}{\sqrt[6]{a^5b^6c^2}}$

(h) $\dfrac{6ab}{\sqrt[3]{4a^2b}}$

(i) $\dfrac{3mn}{\sqrt[6]{27mn^4}}$

(j) $\dfrac{18x}{\sqrt[7]{32x^3y^2}}$

(k) $\dfrac{3n}{\sqrt[7]{a^4b^5c^2}}$

Tercer caso: Racionalización de cocientes con denominadores de la forma $a \pm \sqrt{b}$ **o** $\sqrt{a} \pm \sqrt{b}$. En ambos casos se multiplica el dividendo y el divisor por el binomio necesario (al que denominaremos **conjugado**) para que aparezca en el divisor una suma por una diferencia, que da como resultado una diferencia de cuadrados:

- Si el divisor es $a + \sqrt{b}$, se debe multiplicar por $a - \sqrt{b}$, y viceversa. Así, el divisor se transforma en:

$$\left(a+\sqrt{b}\right)\left(a-\sqrt{b}\right) = a^2 - \left(\sqrt{b}\right)^2 = a^2 - \sqrt{b^2} = a^2 - b$$

- Si el divisor es $\sqrt{a}+\sqrt{b}$, se debe multiplicar por $\sqrt{a}-\sqrt{b}$, y viceversa. Así, el divisor se transforma en:

$$\left(\sqrt{a}+\sqrt{b}\right)\left(\sqrt{a}-\sqrt{b}\right) = \left(\sqrt{a}\right)^2 - \left(\sqrt{b}\right)^2 = \sqrt{a^2} - \sqrt{b^2} = a-b$$

Ejercicio resuelto 2.5

Racionaliza la expresión $\frac{5}{4-\sqrt{2}}$.

El denominador es del tipo $a-\sqrt{b}$ por lo que tendremos que multiplicar numerador y denominador por su conjugado, $4+\sqrt{2}$:

$$\frac{5(4+\sqrt{2})}{(4-\sqrt{2})(4+\sqrt{2})} = \frac{20+5\sqrt{2}}{4^2-(\sqrt{2})^2} = \frac{20+5\sqrt{2}}{16-2} = \frac{20+5\sqrt{2}}{14}$$

> **Recuerda**
>
> Identidades notables
>
> (a) Cuadrado de la suma:
> $$(a+b)^2 = a^2 + 2ab + b^2$$
>
> (b) Cuadrado de la resta:
> $$(a-b)^2 = a^2 - 2ab + b^2$$
>
> (c) Suma por diferencia:
> $$(a+b)\cdot(a-b) = a^2 - b^2$$

Ejercicio resuelto 2.6

Racionaliza la expresión: $\frac{1}{1+\sqrt{5}}$.

El denominador es del tipo $a+\sqrt{b}$ por lo que tendremos que multiplicar numerador y denominador por su conjugado, $1-\sqrt{5}$:

$$\frac{1(1-\sqrt{5})}{(1+\sqrt{5})(1-\sqrt{5})} = \frac{1-\sqrt{5}}{1^2-(\sqrt{5})^2} = \frac{1-\sqrt{5}}{1-5} = \frac{\sqrt{5}-1}{4}$$

Ejercicio resuelto 2.7

Racionaliza la expresión: $\frac{2}{\sqrt{7}+\sqrt{3}}$.

El denominador es del tipo $\sqrt{a}+\sqrt{b}$ por lo que tendremos que multiplicar numerador y denominador por su conjugado, $\sqrt{7}-\sqrt{3}$:

$$\frac{2(\sqrt{7}-\sqrt{3})}{(\sqrt{7}+\sqrt{3})(\sqrt{7}-\sqrt{3})} = \frac{2(\sqrt{7}-\sqrt{3})}{(\sqrt{7})^2-(\sqrt{3})^2} = \frac{2(\sqrt{7}-\sqrt{3})}{7-3} = \frac{2(\sqrt{7}-\sqrt{3})}{4} = \frac{\sqrt{7}-\sqrt{3}}{2}$$

Ejercicio resuelto 2.8

Racionaliza la expresión: $\frac{3}{\sqrt{6}-\sqrt{5}}$.

El denominador es del tipo $\sqrt{a}-\sqrt{b}$ por lo que tendremos que multiplicar numerador y denominador por su conjugado, $\sqrt{6}+\sqrt{5}$:

$$\frac{3(\sqrt{6}+\sqrt{5})}{(\sqrt{6}-\sqrt{5})(\sqrt{6}+\sqrt{5})} = \frac{3(\sqrt{6}+\sqrt{5})}{(\sqrt{6})^2-(\sqrt{5})^2} = \frac{3(\sqrt{6}+\sqrt{5})}{6-5} = 3(\sqrt{6}+\sqrt{5})$$

Ejercicios

43. Racionaliza, opera y simplifica:

$$\frac{1}{\sqrt{2}} + \frac{1}{\sqrt{2}-1} + \frac{1}{\sqrt{2}+1}$$

44. Racionalizar el denominador de los siguientes cocientes, que pertenecen al tercer caso:

(a) $\frac{2}{\sqrt{3}-1}$

(b) $\frac{5}{4-\sqrt{11}}$

(c) $\frac{2}{1-\sqrt{7}}$

(d) $\frac{4}{\sqrt{2}-1}$

(e) $\frac{\sqrt{2}}{\sqrt{2}+1}$

(f) $\frac{2\sqrt{3}}{3-\sqrt{5}}$

(g) $\frac{11}{2\sqrt{3}-1}$

(h) $\frac{\sqrt{3}+1}{\sqrt{3}-1}$

(i) $\frac{5+\sqrt{11}}{5-\sqrt{11}}$

(j) $\frac{3-\sqrt{2}}{1+\sqrt{2}}$

(k) $\frac{5-\sqrt{8}}{\sqrt{2}-5}$

(l) $\frac{3+\sqrt{5}}{3-\sqrt{5}}$

Ejercicios

45. Racionalizar el denominador de los siguientes cocientes, que pertenecen al tercer caso:

(a) $\dfrac{3+\sqrt{6}}{3-\sqrt{6}}$

(b) $\dfrac{5+2\sqrt{2}}{4-\sqrt{3}}$

(c) $\dfrac{\sqrt{2}+\sqrt{3}}{2-\sqrt{3}}$

(d) $\dfrac{\sqrt{5}+\sqrt{2}}{2+\sqrt{5}}$

(e) $\dfrac{3+2\sqrt{3}}{3-2\sqrt{3}}$

(f) $\dfrac{4-\sqrt{2}}{2+5\sqrt{2}}$

(g) $\dfrac{\sqrt{5}+\sqrt{2}}{7+2\sqrt{10}}$

(h) $\dfrac{9\sqrt{3}-3\sqrt{2}}{6-\sqrt{6}}$

(i) $\dfrac{1}{\sqrt{5}+\sqrt{7}}$

(j) $\dfrac{\sqrt{3}}{\sqrt{3}+\sqrt{5}}$

(k) $\dfrac{\sqrt{7}-\sqrt{2}}{\sqrt{7}+\sqrt{2}}$

(l) $\dfrac{\sqrt{7}-\sqrt{5}}{\sqrt{7}+\sqrt{5}}$

(m) $\dfrac{2}{\sqrt{5}-3}$

(n) $\dfrac{2}{\sqrt{3}-1}$

(ñ) $\dfrac{23}{5-\sqrt{2}}$

Ejercicios

46. Racionaliza los denominadores y simplifica

(a) $\dfrac{\sqrt{2}+\sqrt{3}}{\sqrt{2}-\sqrt{3}}$

(b) $\dfrac{2\sqrt{2}+3\sqrt{6}}{2+3\sqrt{3}}$

(c) $\dfrac{6}{\sqrt{3}+\sqrt{2}}$

(d) $\dfrac{2\sqrt{5}+\sqrt{3}}{2\sqrt{5}-\sqrt{3}}$

(e) $\dfrac{\sqrt{7}-2\sqrt{2}}{5\sqrt{7}-\sqrt{2}}$

(f) $\dfrac{\sqrt{5}+3\sqrt{2}}{2\sqrt{5}+\sqrt{2}}$

(g) $\dfrac{2\sqrt{7}-3\sqrt{5}}{\sqrt{7}+2\sqrt{5}}$

(h) $\dfrac{19}{5\sqrt{2}-4\sqrt{3}}$

(i) $\dfrac{3\sqrt{2}}{7\sqrt{2}-6\sqrt{3}}$

(j) $\dfrac{2\sqrt{7}+\sqrt{5}}{4\sqrt{5}-3\sqrt{7}}$

(k) $\dfrac{\sqrt{7}+3\sqrt{11}}{5\sqrt{7}+4\sqrt{11}}$

(l) $\dfrac{5\sqrt{2}-6\sqrt{3}}{4\sqrt{2}-3\sqrt{3}}$

(m) $\dfrac{2\sqrt{3}-3\sqrt{2}}{2\sqrt{3}+3\sqrt{2}}$

(n) $\dfrac{4\sqrt{3}-3\sqrt{7}}{2\sqrt{3}+3\sqrt{7}}$

(ñ) $\dfrac{\sqrt{5}+\sqrt{8}}{\sqrt{5}-\sqrt{8}}$

(o) $\dfrac{\sqrt{2}-\sqrt{5}}{\sqrt{2}+\sqrt{5}}$

Ejercicios

47. Racionaliza los denominadores y simplifica

(a) $\frac{\sqrt{3}+\sqrt{2}}{\sqrt{3}-\sqrt{2}}$

(b) $\frac{\sqrt{7}+2\sqrt{5}}{\sqrt{7}-\sqrt{5}}$

(c) $\frac{\sqrt{2}-3\sqrt{5}}{2\sqrt{2}+\sqrt{5}}$

(d) $\frac{3\sqrt{2}+2\sqrt{3}}{3\sqrt{2}-2\sqrt{3}}$

(e) $\frac{1+\sqrt{3}}{1-\sqrt{3}}$

(f) $\frac{3}{1+\sqrt{7}}$

(g) $\frac{4}{\sqrt{5}-\sqrt{3}}$

(h) $\frac{4}{\sqrt{3}+\sqrt{2}}$

(i) $\frac{3}{2-\sqrt{3}}$

3 Logaritmos. Propiedades

Se llama **logaritmo** en base a, con $a > 0$ y $a \neq 1$ de un número positivo b al exponente x al que hay que elevar la base a para obtener dicho número:

$$\log_a b = x \text{ si y sólo si } a^x = b$$

$\log_a b$ se lee logaritmo en base a de b.

- Los logaritmos en base 10 se denominan **logaritmos decimales**. Su escritura se abrevia omitiendo la base $\log_{10} 3 = \log 3$.

- Los logaritmos en base el número e se llaman **logaritmos neperianos**. Se designan por ln o L o Ln.

Esta nomenclatura para los distintos logaritmos no es universal. En algunos contextos, se toma como base principal para los logaritmos, no la base decimal sino el número e.

> **Ejercicio resuelto 3.1**
>
> *Averigua la base del logaritmo $\log_x \frac{1}{9} = -2$.*
>
> Aplicando la definición,
> $$\log_x \frac{1}{9} = -2 \text{ es equivalente a } x^{-2} = \frac{1}{9}$$
>
> como $x^{-2} = \frac{1}{x^2}$, igualando denominadores, $x^2 = 9$, por lo que $x = 3$, ya que la base ha de ser positiva.

Propiedades de los logaritmos.

1. El logaritmo de 1 es 0, cualquiera que sea la base. $\log_a 1 = 0$, pues $a^0 = 1$.

2. El logaritmo de la base es 1: $\log_a a = 1$, ya que $a^1 = a$.

3. Dos números distintos tienen logaritmos distintos. Si $b \neq c$, entonces $\log_a b \neq \log_a c$. A las funciones que cumplen esta característica se las denomina **inyectivas**, aunque no es un concepto que se vaya a desarrollar en este curso.

4. En cualquier base, el logaritmo del producto de dos números positivos es igual a la suma de los logaritmos de dichos números:
$$\log_a(b \cdot c) = \log_a b + \log_a c$$

> **Ejercicio resuelto 3.2**
>
> *Sabiendo que $\log 2 = 0,301$, calcula el $\log 20$.*
>
> Sabemos que $20 = 2 \cdot 10$, por lo que aplicando la propiedad del logaritmo del producto,
> $$\log 20 = \log(2 \cdot 10) = \log 2 + \log 10$$
>
> Ahora, por la propiedad 2, $\log 10 = 1$, por lo que
> $$\log 20 = \log 2 + \log 10 = 0,301 + 1 = 1,301$$

5. En cualquier base, el logaritmo del cociente de dos números positivos es igual a la diferencia de los logaritmos de dichos números:
$$\log_a\left(\frac{b}{c}\right) = \log_a b - \log_a c$$

6. En cualquier base, el logaritmo de una potencia de una base positiva es igual al producto del exponente por el logaritmo de la base de la potencia:

$$\log_a (b^n) = n \cdot \log_a b$$

7. El logaritmo de una raíz es igual al logaritmo del radicando dividido por el índice,

$$\log_a \sqrt[n]{b} = \frac{\log_a b}{n} = \frac{1}{n} \log_a b$$

Ejercicio resuelto 3.3

Sabiendo que $\log A = 2\log 3 + 0,5\log 4 - 3\log 2$, *averiguar el valor de A.*

Aplicando la propiedad del logaritmo de una raíz,

$$\log A = \log 3^2 + \log \sqrt{4} - \log 2^3$$

y por las propiedades del logaritmo de un producto y de un cociente:

$$\log A = \log 3^2 + \log \sqrt{4} - \log 2^3 = \log \frac{3^2 \cdot 2}{2^3} = \log \frac{3^2}{2^2}$$

y, por la propiedad 3, podemos eliminar los logaritmos de los extremos de la igualdad para obtener que $A = \frac{3^2}{2^2} = \frac{9}{4}$.

8. Cambio de base: La calculadora científica y muchos programas informáticos solo proporcionan logaritmos neperianos y logaritmos decimales. La fórmula del cambio de base permite calcular un logaritmo en cualquier base mediante logaritmos en otra base diferente:

$$\log_a b = \frac{\log_c b}{\log_c a}$$

> **Nota**
> Además del proceso descrito en el ejercicio resuelto 3, los últimos modelos de calculadora ya incorporan una función de logaritmo en cualquier base. Se trata de la tecla `log·▢`

Ejercicio resuelto 3.4

¿*Cómo hallaríamos* $\log_2 6$ *con la calculadora?*

Una calculadora no puede hallar logaritmos en bases diferentes de la decimal o la neperiana, por tanto, para averiguar $\log_2 6$ necesitamos usar la propiedad del cambio de base y aplicar que

$$\log_2 6 = \frac{\log_{10} 6}{\log_{10} 2} = \frac{\ln 6}{\ln 2}$$

y con la calculadora: `log` `6` `÷` `log` `2` `=` , si usamos logaritmos decimales o bien `ln` `6` `÷` `ln` `2` `=` si aplicamos neperianos.

Ecuaciones exponenciales. Una ecuación exponencial es aquélla en la que la incógnita está en el exponente de una potencia. Aunque las desarrollaremos con más detalle en el tema **??**, vamos a mostrar aquí con un ejemplo cómo, aplicando logaritmos resolvemos esta clase de ecuaciones con facilidad.

Ejercicio resuelto 3.5

Resuelve la ecuación exponencial $2^{x+3} = 7$.

Para resolver esta ecuación, se calcula el logaritmo de los dos miembros de la ecuación y se aplica la propiedad del logaritmo de una potencia:

$$\log\left(2^{x+3}\right) = (x+3)\log 2 = \log 7$$

pasando $\log 2$ al otro lado:

$$x + 3 = \frac{\log 7}{\log 2}$$

y despejando x

$$x = \frac{\log 7}{\log 2} - 3 \approx -0,193$$

Ejercicios

48. Halla el valor de los siguientes logaritmos, indicando en su caso la propiedad aplicada:

    (a) $\log_2 2$

    (b) $\log_2 1024$

    (c) $\log_2 \frac{1}{4}$

    (d) $\log_3 3$

    (e) $\log_3 \frac{1}{81}$

    (f) $\log_3 \frac{1}{243}$

    (g) $\log 10$

    (h) $\log 1000$

    (i) $\log 0,00001$

    (j) $\log_2 \frac{1}{2}$

    (k) $\log_2 \frac{1}{16}$

    (l) $\log_2 \frac{1}{64}$

Ejercicios

49. Halla el valor de los siguientes logaritmos, indicando en su caso la propiedad aplicada:

(a) $\log_{\frac{1}{3}} \frac{1}{3}$

(b) $\log_{\frac{1}{3}} \frac{1}{81}$

(c) $\log_{\frac{1}{3}} \frac{1}{243}$

(d) $\log_5 \sqrt{125}$

(e) $\log \sqrt[3]{10000}$

(f) $\log_{\frac{1}{2}} \sqrt[5]{\frac{1}{64}}$

Ejercicios

50. Sabiendo que $\log 2 \approx 0,3$ y que $\log 3 \approx 0,48$, calcula estos logaritmos decimales:

(a) $\log 4$

(b) $\log 5$

(c) $\log 6$

(d) $\log 8$

(e) $\log 12$

(f) $\log 15$

(g) $\log 18$

(h) $\log 24$

Ejercicios

51. Sabiendo que $\log 2 \approx 0,3$ y que $\log 3 \approx 0,48$, calcula estos logaritmos decimales:

   (a) $\log 25$

   (b) $\log 30$

   (c) $\log 36$

   (d) $\log 40$

   (e) $\log 45$

   (f) $\log 60$

   (g) $\log 72$

   (h) $\log 75$

Ejercicios

52. Conociendo los valores de $\log 2$ y $\log 3$, halla los valores de las siguientes expresiones:

   (a) $\log 14,4$

   (b) $\log 0,048$

   (c) $\log 2,88$

   (d) $\log 0,015$

   (e) $\log 3600$

   (f) $\log \sqrt{5,76}$

Ejercicios

53. Conociendo los valores de $\log 2$ y $\log 3$, halla los valores de las siguientes expresiones:

   (a) $\log \sqrt[3]{240}$

   (b) $\log \frac{\sqrt{5,4}}{12,8}$

   (c) $\log \frac{10,8}{\sqrt{14,4}}$

   (d) $\log 6,4 \cdot \sqrt{2,4}$

   (e) $\log \frac{1,25}{\sqrt{0,32}}$

   (f) $\log \sqrt{3,2} \cdot \sqrt{1,6}$

   (g) $\log \frac{\sqrt{0,025}}{8}$

   (h) $\log \frac{3,2^3 \cdot 0,64^5}{0,0125 \cdot \sqrt[4]{80^3}}$

   (i) $\log \frac{1}{6561}$

   (j) $\log \left(\frac{12}{5}\right)^5$

   (k) $\log \sqrt[3]{\frac{9}{5}}$

   (l) $\log \sqrt[4]{781,25}$

Ejercicios

54. Calcula, aplicando previamente las propiedades de los logaritmos, el valor de cada una de las siguientes expresiones:

   (a) $\log_2 \frac{\sqrt[6]{64} \cdot 4^2}{2^5 \cdot \sqrt[3]{512}}$

   (b) $\log_3 \frac{27 \cdot \sqrt{729}}{81 \cdot \sqrt[3]{27}}$

Ejercicios

55. Calcula, aplicando previamente las propiedades de los logaritmos, el valor de cada una de las siguientes expresiones:

(a) $\log_5 \dfrac{25 \cdot \sqrt[4]{625}}{125}$

(b) $\log_7 \dfrac{49 \cdot \sqrt[3]{343}}{\sqrt{2401}}$

(c) $\log_2 \sqrt[3]{16 \cdot 4^3}$

(d) $\log_3 \dfrac{9\sqrt{27}}{\sqrt[5]{81}}$

56. Halla el valor de x en las siguientes expresiones:

(a) $\log_x 25 = 2$

(b) $\log_x 216 = 3$

(c) $\log_x 4 = \frac{1}{2}$

(d) $\log_x 4 = -\frac{1}{2}$

(e) $\log_x 3 = \frac{1}{2}$

(f) $\log_x 343 = 3$

Ejercicios

57. Halla el valor de x en las siguientes expresiones:

   (a) $\log_x \frac{1}{64} = -6$

   (b) $\log_x 5 = -\frac{1}{2}$

   (c) $\log_x \frac{1}{100} = -2$

   (d) $\log_x 32 = \frac{5}{2}$

   (e) $\log_x 81 = -4$

   (f) $\log_x 49 = 2$

58. Comprueba que $\log_a b \cdot \log_b a = 1$

59. Si a y b son dos números enteros, calcula el valor de $\log_{\frac{1}{a}} a \cdot \log_b \frac{1}{b}$

Ejercicios

60. ¿Qué relación ha de existir entre a y b para que se verifique que $\log_{10} a + \log_{10} b = 0$?

61. ¿Cuál es la relación que existe entre a y b si $\log_{10} b = \log_{10} a + \log_{10} 5$?

62. Si $\log_a N = 2$ y $\log_a 32N = 5$, ¿cuánto vale a?

Soluciones

1. (a) $\sqrt{4}$ (b) $\sqrt{125}$ (c) $\sqrt[4]{625}$ (d) $\sqrt[3]{8^2}$ (e) $\sqrt[6]{64^5}$

2. (a) $x^{\frac{1}{5}}$ (b) $\left(x^{\frac{1}{2}}\right)^{\frac{1}{3}}$ (c) $\left(x^{\frac{2}{3}}\right)^5$ (d) $\left(a^{\frac{x}{m}}\right)^{\frac{1}{n}}$ (e) $\left(\frac{a^{13}}{a^6}\right)^{\frac{1}{2}}$ (f) $a^{\frac{6}{15}}$

3. (a) $1,345900193$ (b) $4,623596214$ (c) $1281,808098$ (d) $3,612628001$

4. (a) $8^{\frac{4}{2}} = 8^2$ (d) $(2^{10})^{\frac{1}{5}} = 2^{\frac{10}{5}} = 2^2$ (g) $x^{\frac{5}{5}} = x^1$
   (b) $(2^3)^{\frac{2}{6}} = 2^{\frac{6}{6}} = 2^1$ (e) $7^{\frac{6}{2}} = 7^3$ (h) $y^{\frac{12}{4}} = y^3$
   (c) $((-2)^3)^{\frac{1}{3}} = (-2)^{\frac{3}{3}} = -2$ (f) $(3^4)^{\frac{1}{4}} = 3^{\frac{4}{4}} = 3^1$

5. (a) $2^{\frac{1}{3}} = 2^{\frac{2}{6}} = 2^{\frac{3}{9}} = 2^{\frac{4}{12}}$ (f) $a^{\frac{2}{5}} = a^{\frac{4}{10}} = a^{\frac{6}{15}} = a^{\frac{8}{20}}$
   (b) $2^{\frac{5}{3}} = 2^{\frac{10}{6}} = 2^{\frac{15}{9}} = 2^{\frac{20}{12}}$ (g) $(3a)^{\frac{2}{5}} = (3a)^{\frac{4}{10}} = (3a)^{\frac{6}{15}} = (3a)^{\frac{8}{20}}$
   (c) $5^{\frac{6}{6}} = 5^1 = 5^{\frac{2}{2}} = 5^{\frac{3}{3}}$ (h) $(3a^2)^{\frac{1}{5}} = (3a^2)^{\frac{2}{10}} = (3a^2)^{\frac{3}{15}} = (3a^2)^{\frac{4}{20}}$
   (d) $7^{\frac{1}{4}} = 7^{\frac{1}{2}} = 7^{\frac{3}{6}} = 7^{\frac{4}{8}}$ (i) $(16b^4)^{\frac{1}{6}} = (16b^4)^{\frac{2}{12}} = (16b^4)^{\frac{3}{18}} = (16b^4)^{\frac{4}{24}}$
   (e) $x^{\frac{3}{2}} = x^{\frac{6}{4}} = x^{\frac{9}{6}} = x^{\frac{12}{8}}$

6. (a) $\sqrt[4]{5} = \sqrt[8]{5^2} = \sqrt[12]{5^3} = \sqrt[16]{5^4}$ (f) $\sqrt[5]{x^2} = \sqrt[10]{x^4} = \sqrt[15]{x^6} = \sqrt[20]{x^8}$
   (b) $\sqrt[9]{2^3} = \sqrt[3]{2^1} = \sqrt[6]{2^2} = \sqrt[12]{2^4}$ (g) $\sqrt[8]{9} = \sqrt[16]{9^2} = \sqrt[24]{9^3} = \sqrt[32]{9^4}$
   (c) $\sqrt[4]{2^3} = \sqrt[8]{2^6} = \sqrt[12]{2^9} = \sqrt[16]{2^{12}}$ (h) $\sqrt[12]{a^6} = \sqrt[2]{a^1} = \sqrt[4]{a^2} = \sqrt[6]{a^3}$
   (d) $\sqrt[3]{7} = \sqrt[6]{7^2} = \sqrt[9]{7^3} = \sqrt[12]{7^4}$ (i) $\sqrt[9]{x^2y} = \sqrt[18]{(x^2y)^2} = \sqrt[27]{(x^2y)^3} = \sqrt[36]{(x^2y)^4}$
   (e) $\sqrt[5]{x} = \sqrt[10]{x^2} = \sqrt[15]{x^3} = \sqrt[20]{x^4}$

7. (a) $x = 3$ (c) $x = \frac{4}{3}$ (e) $x = 512$ (g) $x = 2$ (i) $x = 3$
   (b) $x = 1$ (d) $x = 4$ (f) $x = 65536$ (h) $x = 4$

8. (a) $\sqrt{5}$ (f) $\sqrt[3]{x^2}$ (k) $ab\sqrt[6]{a}$ (o) $\sqrt{xy}$
   (b) 9^1 (g) $\sqrt{2}$ (l) $\sqrt[5]{a^2 \cdot b^3}$ (p) $\sqrt[5]{a^4}$
   (c) 18 (h) $\sqrt[3]{2^2}$ (m) $\sqrt{5}$ (q) x
   (d) 2^2 (i) $\sqrt{3}$ (n) $\sqrt[3]{ab^2}$
   (e) $\sqrt[4]{x^3}$ (j) 2^3 (ñ) $\sqrt[5]{2^6}$

9. (a) $\sqrt{1764} = \sqrt{42^2} = 42$ (f) $\sqrt[4]{\frac{9}{16}+1} = \sqrt[4]{\frac{5^2}{4^2}} = \sqrt{\frac{5}{4}}$ (l) $\sqrt{\sqrt[3]{64}} = \sqrt[6]{2^6} = 2$
   (b) $\sqrt{3600} = \sqrt{60^2} = 60$ (g) $\sqrt[4]{2^8} = 2^2$ (m) $\sqrt[12]{a^4 \cdot b^8} = \sqrt[3]{ab^2}$
   (c) $\sqrt[3]{8000} = \sqrt[3]{20^3} = 20$ (h) $\sqrt[3]{1000} = \sqrt[3]{10^3}$ (n) $\sqrt[3]{\sqrt[4]{x^7 \cdot x^5}} = x$
   (d) $\sqrt[4]{4096} = \sqrt[4]{8^4} = 8$ (i) $\sqrt[3]{\sqrt{121}} = \sqrt[3]{11}$ (ñ) $\sqrt[3]{216} = \sqrt[3]{6^3} = 6$
   (e) $\sqrt[8]{0,0016} = \sqrt{\frac{1}{5}}$ (j) $\sqrt{2 \cdot \sqrt[3]{2^5}} = \sqrt[3]{2^4}$ (o) $\sqrt[3]{\sqrt{1024}} = \sqrt[6]{2^{10}} = \sqrt[3]{2^5}$
   (k) $\sqrt[5]{1024} = \sqrt[5]{4^5} = 4$

10. (a) $3^2\sqrt{3}$ (b) $5\sqrt[3]{5}$ (c) $2\sqrt{2}$ (d) $2\sqrt[3]{2}$

11. (a) $3\sqrt[3]{2}$ (g) $2x\sqrt[3]{4x}$ (m) $10x^2y\sqrt{3y}$ (r) $4a^2b^3c^4\sqrt{11abc}$
    (b) $6\sqrt{3}$ (h) $3ab\sqrt[3]{3b^2c}$ (n) $27xy^2\sqrt{x}$ (s) $4y^2\sqrt[3]{2x^2y}$
    (c) $30\sqrt{6}$ (i) $2\sqrt[5]{2}$ (ñ) $xy^3\sqrt{xy}$ (t) $20ab^2\sqrt[3]{2b^2}$
    (d) $7^3 \cdot 5\sqrt[3]{7 \cdot 5}$ (j) $3a\sqrt{a}$ (o) $3ab^3\sqrt{3ab}$
    (e) $3\sqrt{2}$ (k) $5a\sqrt{2b}$ (p) $am^3\sqrt{3am}$
    (f) $12\sqrt{3}$ (l) $7abc^3\sqrt{2abc}$ (q) $3n^3\sqrt{5m}$

12. (a) $2n^2\sqrt[3]{m^2n^2}$ (e) $2abc^3\sqrt[4]{5b}$ (i) $\frac{3a}{x}\sqrt{\frac{5a}{6}}$ (l) $10b\sqrt[3]{\frac{1}{4b^2}}$
    (b) $8xy^3\sqrt[3]{2x^2y^2}$ (f) $3x^2y^3z^4\sqrt[4]{5y^2}$ (j) $\frac{15n}{m}\sqrt{\frac{n}{5}}$ (m) $\frac{x}{b}\sqrt[3]{\frac{x}{2a^2b}}$
    (c) $10ax^2y^3z^4\sqrt[3]{20xz}$ (g) $3n^2\sqrt[4]{2m}$
    (d) $6\sqrt[4]{3}$ (h) $\frac{3a^3mn}{14b^4c}\sqrt{\frac{3m}{2b}}$ (k) $\frac{a}{y}\sqrt{\frac{1}{3y}}$ (n) $\frac{6a^2}{y^2}\sqrt[4]{\frac{a}{4x}}$

13. (a) $\sqrt[4]{9 \cdot 2^8 \cdot 5^4} = 3^{\frac{2}{4}} \cdot 2^{\frac{8}{4}} \cdot 5^{\frac{4}{4}} = 3^{\frac{1}{2}} \cdot 2^2 \cdot 5^1 = 20\sqrt{3}$
    (b) $\sqrt[6]{8 \cdot 3^9 \cdot 5^3} = 2^{\frac{3}{6}} \cdot 3^{\frac{9}{6}} \cdot 5^{\frac{3}{6}} = 2^{\frac{1}{2}} \cdot 3^{\frac{3}{2}} \cdot 5^{\frac{1}{2}} = 3\sqrt{30}$

14. (a) $\sqrt{81 \cdot a^8 \cdot b^{16} \cdot c^4} = 3^{\frac{4}{2}} \cdot a^{\frac{8}{2}} \cdot c^{\frac{4}{2}} = 3^2 a^4 c^2$
    (b) $\sqrt[10]{x^{15} \cdot y^{20} \cdot z^5} = x^{\frac{15}{10}} \cdot y^{\frac{20}{10}} \cdot z^{\frac{5}{10}} = x^{\frac{3}{2}} \cdot y^2 \cdot z^{\frac{1}{2}} = xy^2\sqrt{xz}$

15. (a) $\sqrt{50} = \sqrt{5 \cdot 2^2}$ (e) $\sqrt[25]{5931020266101} = \sqrt[25]{3^{25} \cdot 7}$ (h) $\sqrt{45} = \sqrt{3^2 \cdot 5}$
    (b) $\sqrt[3]{16} = \sqrt[3]{2^4}$ (f) $\sqrt[7]{18984375} = \sqrt[7]{3^5 \cdot 5^7}$ (i) $\sqrt{12} = \sqrt{2^2 \cdot 3}$
    (c) $\sqrt[5]{1701} = \sqrt[5]{7 \cdot 3^5}$ (g) $\sqrt[3]{1} = \sqrt[3]{\frac{8}{8}} = 1$ (j) $\sqrt{\frac{1}{2}}$
    (d) $\sqrt[3]{32} = \sqrt[3]{2^5}$

16. (a) $\sqrt{2^2a} = \sqrt{4a}$ (i) $\sqrt[3]{2^7m^5} = \sqrt[3]{128m^5}$ (o) $\sqrt{a^{-7}x^{-4}}$
    (b) $\sqrt{5a^2}$ (j) $\sqrt[4]{2^7a^5b^3} = \sqrt[4]{128a^5b^3}$ (p) $\sqrt[4]{2 \cdot 3^4n^{12}p^4m} = \sqrt[4]{162n^{12}p^4m}$
    (c) $\sqrt[4]{5^4a^9} = \sqrt[4]{625a^9}$ (k) $\sqrt{2^5a^2xy} = \sqrt{32a^2xy}$ (q) $\sqrt{5^2x^5y^{11}} = \sqrt{25x^5y^{11}}$
    (d) $\sqrt{3^22a^4} = \sqrt{18a^4}$ (l) $\sqrt[6]{a^{18}b^6c^5}$ (r) $\sqrt[3]{2 \cdot 20^3a^9b^8} = \sqrt[3]{16000a^9b^8}$
    (e) $\sqrt{5^2a^2b} = \sqrt{25a^2b}$ (m) $\sqrt[3]{\frac{a^7xm^{12}}{10^3}} = \sqrt[3]{\frac{a^7xm^{12}}{1000}}$ (s) $\sqrt[3]{3 \cdot 7^3b^6a} = \sqrt[3]{1029b^6a}$
    (f) $\sqrt[3]{3^3a^8b} = \sqrt[3]{27a^8b}$ (n) $\sqrt[3]{\frac{a^{-5}b^4x}{2}}$ (t) $\sqrt{2 \cdot 5^2m^5n^5p^8} = \sqrt{50m^5n^5p^8}$
    (g) $\sqrt{3 \cdot 5^2x^4y^2} = \sqrt{75x^4y^2}$ (ñ) $\sqrt[3]{a^{14}b^4x^9}$ (u) $\sqrt[3]{2^3 \cdot 7a^6b^3c^{10}} = \sqrt[3]{56a^6b^3c^{10}}$
    (h) $\sqrt[3]{a^5b^7}$

17. (a) $5\sqrt{3}$ y $-2\sqrt{3}$, son múltiplos de $\sqrt{3}$.
    (b) $7\sqrt[3]{5}$ y $\frac{1}{3}\sqrt[3]{5}$, son múltiplos de $\sqrt[3]{5}$.
    (c) $\sqrt[3]{24} = \sqrt[3]{2^3 \cdot 3} = 2\sqrt[3]{3}$ y $\sqrt[3]{81} = \sqrt[3]{3^4} = \sqrt[3]{3^3 \cdot 3} = 3\sqrt[3]{3}$, son múltiplos de $\sqrt[3]{3}$.
    (d) $\sqrt{4 \cdot 5 \cdot 3} = \sqrt{2^2 \cdot 5 \cdot 3} = 2\sqrt{15}$ y $8\sqrt{15}$, son múltiplos de $\sqrt{15}$.
    (e) $-\frac{1}{4}\sqrt[3]{72} = -\frac{1}{4}\sqrt[3]{3^2 \cdot 2^3} = -\frac{1}{2}\sqrt[3]{3^2}$ y $\frac{1}{2}\sqrt[3]{1125} = \frac{1}{2}\sqrt[3]{3^2 \cdot 5^3} = \frac{5}{2}\sqrt[3]{3^2}$, son múltiplos de $\sqrt[3]{9}$.
    (f) $\sqrt[5]{192} = \sqrt[5]{2^6 \cdot 3} = \sqrt[5]{2^5 \cdot 2 \cdot 3} = 2\sqrt[5]{6}$ y $\sqrt[5]{1458} = \sqrt[5]{2 \cdot 3^6} = \sqrt[5]{2 \cdot 3 \cdot 3^5} = 3\sqrt[5]{6}$, son múltiplos de $\sqrt[5]{6}$.

18. (a) $3\sqrt{5}$ (c) $2\sqrt{5}$ (e) $-2\sqrt{2}$.
    (b) $7\sqrt{2}$ (d) $4\sqrt[3]{5}$ (f) $7\sqrt{5}$.

19. (a) $27+15\sqrt{15}$.   (e) $9\sqrt{2}$.   (i) $7+6\sqrt{2}-3\sqrt{3}$.   (m) $3+5\sqrt{5}$
    (b) $-2\sqrt{7}$.   (f) $\frac{29}{6}\sqrt{\frac{1}{3}}$.   (j) $29\sqrt{7}-5\sqrt{5}$.   (n) $11\sqrt{3}$
    (c) $8\sqrt{2}$.   (g) 0 (k) $8\sqrt[3]{3}-2\sqrt[3]{13}$.   (ñ) $2\sqrt{7}-\sqrt{3}$
    (d) $47\sqrt{3}$.   (h) $12\sqrt{2}$.   (l) $\sqrt{5}-2\sqrt{3}$ (o) $-12\sqrt{7}+\sqrt{5}$

20. (a) $-10\sqrt{3}+9\sqrt{2}$ (e) $-\frac{1}{2}\sqrt{7}+\frac{1}{3}\sqrt{5}$ (i) $4\sqrt{11}-\sqrt{5}$ (m) $5\sqrt[3]{9}+7\sqrt[3]{7}$
    (b) $5\sqrt{2}$ (f) $\frac{47}{2}\sqrt{2}$ (j) $-\frac{9}{5}\sqrt{7}+\frac{1}{10}\sqrt{3}$ (n) $-3\sqrt[3]{5}+7\sqrt[3]{3}$
    (c) $5\sqrt{2}-20\sqrt{5}$ (g) $-\frac{3}{4}\sqrt{5}$ (k) $-\frac{13}{2}\sqrt{3}$ (ñ) $-11\sqrt[3]{-3}$
    (d) $13\sqrt{5}$ (h) $4\sqrt{3}$ (l) $\sqrt[3]{2}-2\sqrt[3]{3}$ (o) $-2\sqrt[3]{2}+10\sqrt[3]{3}$

21. (a) $7\sqrt[3]{2}$ (c) $-4\sqrt[3]{-5}+18\sqrt[3]{-2}$ (e) $4\sqrt[3]{3}-3\sqrt[3]{2}$
    (b) $2\sqrt[3]{6}+\sqrt[3]{5}$ (d) $\frac{3}{2}\sqrt[3]{5}-7\sqrt[3]{4}$ (f) $4\sqrt[3]{5}-9\sqrt[3]{3}$

22. (a) $\sqrt[4]{25};\ \sqrt[4]{3}$ (b) $\sqrt[12]{256};\ \sqrt[12]{512};\ \sqrt[12]{729}$

23. (a) $\sqrt[12]{256};\ \sqrt[12]{8};\ \sqrt[12]{729}$ (h) $\sqrt[6]{125x^3};\ \sqrt[6]{16x^4y^2};\ \sqrt[6]{7a^3b}$
    (b) $\sqrt[12]{27};\ \sqrt[12]{8};\ \sqrt[12]{15625}$ (i) $2\sqrt[12]{a^4};\ 3\sqrt[12]{4096b^{12}};\ 4\sqrt[12]{125x^6}$
    (c) $\sqrt[6]{27};\ \sqrt[6]{32};\ \sqrt[6]{25}$ (j) $\sqrt[6]{15a^3x^2};\ \sqrt[6]{8a^3};\ \sqrt[6]{9a^4b^2}$
    (d) $\sqrt[20]{243};\ \sqrt[20]{256};\ \sqrt[20]{15^{20}}$ (k) $\sqrt[12]{512a^6x^9};\ \sqrt[12]{9a^{10}m^8}$
    (e) $\sqrt[12]{64};\ \sqrt[12]{81};\ \sqrt[12]{125};\ \sqrt[12]{49}$ (l) $\sqrt[10]{32m^5};\ 3\sqrt[10]{a^6x^8};\ 2\sqrt[10]{x^7y^2}$
    (f) $\sqrt[18]{64};\ \sqrt[18]{27};\ \sqrt[18]{81}$ (m) $\sqrt[15]{32m^5n^5};\ \sqrt[15]{27m^6p^3};\ \sqrt[15]{5m^3p^2}$
    (g) $\sqrt[6]{9x^2};\ \sqrt[6]{125a^6};\ \sqrt[6]{4m}$ (n) $\sqrt[18]{8y^9};\ \sqrt[18]{x^{12}};\ \sqrt[18]{25m^{14}}$

24. (a) $\sqrt{18}$ (b) $15\sqrt{900}=450$ (c) $6\sqrt{150}$ (d) $10\sqrt{63}$

25. (a) $\frac{1}{7}\sqrt{294}$ (e) $10\sqrt[3]{750}$ (i) $\sqrt[6]{3^5}$
    (b) $6\sqrt{2940}$ (f) $\frac{1}{2}\sqrt[3]{24}$ (j) $\sqrt[12]{3^3}\cdot\sqrt[12]{4^4}=\sqrt[12]{3^3 4^4}$
    (c) $\frac{1}{7}\sqrt{19404}$ (g) $2\sqrt[3]{7200}$
    (d) $\sqrt[3]{108}$ (h) $\sqrt[15]{2^8}$ (k) $\sqrt[6]{5^3}\cdot\sqrt[6]{16^2}\cdot\sqrt[6]{12^3}=\sqrt[6]{5^3 2^8 12^3}$

26. (a) $3\sqrt[4]{4a^2b^2}\cdot 4\sqrt[4]{8a^3}=12\sqrt[4]{32a^5b^2}$ (c) $\sqrt[6]{81x^4y^2}\cdot\sqrt[6]{81x^5}=\sqrt[6]{6561x^9y^2}$
    (b) $5\sqrt[6]{8a^3}\cdot\sqrt[6]{16a^4b^2}=5\sqrt[6]{128a^7b^2}$ (d) $6a\sqrt{ab^2}$

27. (a) $\frac{ax}{2}\sqrt{10}$ (f) $\sqrt[3]{\frac{8x^9}{125y^6}}=\frac{2x^3}{5y^2}$ (k) $5\sqrt[12]{x^{10}y^9}$
    (b) $3\sqrt{a^5x}$ (g) $\sqrt{36a^3}=6\sqrt{a^3}$ (l) $5ab^3\sqrt{a^3}$
    (c) $\sqrt[3]{729x^7y}$ (h) $\sqrt[3]{a^3b^6}=ab^2$
    (d) $18a\sqrt[3]{b}$ (i) $\sqrt{400a^6b^2}=20a^3b$ (m) $\sqrt[20]{64m^{26}n^4}$
    (e) $\frac{-3}{2}\sqrt[3]{a^2x}$ (j) $2\sqrt[12]{27a^{17}b^{11}}$ (n) $9b\sqrt[12]{a^{17}b^{10}}$

28. (a) $2\sqrt{2}$ (b) $\frac{1}{3}\sqrt{\frac{25}{12}}$

29. (a) $10\sqrt{\frac{1}{2}}$ (c) $\sqrt{\frac{18}{25}}$ (e) $-9\sqrt{4}=-18$ (g) $\sqrt[3]{8}=2$
    (b) 3 (d) $\frac{1}{4}\frac{1}{\sqrt{2}}$ (f) $2\sqrt{10}$ (h) $\sqrt[3]{\frac{5}{3}}$

30. (a) $\frac{1}{5}\sqrt{3}$ (c) $2x\sqrt{\frac{a}{x}}$ (e) $\frac{3}{4}\sqrt[3]{8a^3}=\frac{3a}{2}$ (g) $2x^2\sqrt[3]{\frac{1}{x}}$
    (b) $\sqrt{15xy^2}$ (d) $\frac{1}{2}\sqrt{3y}$ (f) $\frac{2}{3}\sqrt[3]{27}=2$ (h) $-\frac{x^2}{4}$

31. (a) $\frac{-2}{3}\sqrt[5]{x^3y}$ (d) $\frac{16}{9}\sqrt[10]{2^{-1}x^3}$ (g) $\sqrt[15]{5^5mn^{-1}}$ (j) $\frac{1}{3a}\sqrt[12]{3^3x^{-4}y^{-1}}$
    (b) $-\sqrt[7]{a^{-1}b^{-2}c}$ (e) $\sqrt[6]{3^4x^{-1}}$ (h) $\sqrt[9]{m^{10}}$
    (c) $-\frac{1}{2}\sqrt[7]{m^4x}$ (f) $\sqrt[6]{2^3a^3b^2}$ (i) $\sqrt[12]{12y^2z}$ (k) $\sqrt[12]{2^5a^5}$

32. (a) $\sqrt[12]{2^5}$ (b) $\frac{1}{\sqrt[8]{2}\sqrt[4]{3}}$ (c) $2\sqrt[4]{\frac{2}{3}}$

33. (a) $2-\sqrt{6}$ (e) $-4+\sqrt{6}$ (i) $791-111\sqrt{35}$ (m) $3a-3a\sqrt{2b}$
    (b) $14\sqrt{15}+30$ (f) $-1+\sqrt{15}$ (j) $9-17\sqrt{6}$ (n) $2\sqrt{xy}-\frac{x}{2}\sqrt{y}$
    (c) $24\sqrt{5}+20\sqrt{3}-20\sqrt{30}$ (g) $54+7\sqrt{21}$ (k) $b\sqrt{a}+a\sqrt{b}$ (ñ) $3a-2x-5\sqrt{ax}$
    (d) $-2+18\sqrt{2}$ (h) $55+13\sqrt{15}$ (l) $2x+\sqrt{xy}$ (o) $a\sqrt[3]{b}+\frac{5}{3}\sqrt[3]{a^2b^2}$

34. (a) 3 (b) 4 (c) 25 (d) $\sqrt[3]{2^2}$

35. (a) $\sqrt[3]{6^5}$ (b) $\sqrt{7}$ (c) $\sqrt[3]{3^2}$ (d) $\sqrt[4]{5^9}$

36. (a) $3^{((\frac{2}{3}+1)\cdot\frac{1}{4}+1)\cdot\frac{1}{3}}=3^{\frac{9}{20}}$ (g) $(3^8)^{\frac{1}{4}}=3$
    (b) $216^{\frac{1}{2}\cdot\frac{1}{2}\cdot\frac{1}{2}}=216^{\frac{1}{8}}=6^{\frac{3}{8}}$ (h) $(4096^{\frac{1}{3}})^{\frac{1}{4}}=(2^{12})^{\frac{1}{3}\cdot\frac{1}{4}}=2^{\frac{12}{12}}=2$
    (c) $\sqrt[3]{5^3\cdot\sqrt{2^5\cdot\sqrt[3]{2^3}}}=\sqrt[3]{5^3\cdot\sqrt{2^5\cdot 2}}=\sqrt[3]{5^3\cdot 2^3}=2\cdot 5=10$ (i) $(5^{\frac{1}{2}})^{\frac{1}{2}}=5^{\frac{1}{2}\cdot\frac{1}{2}}=5^{\frac{1}{4}}$
    (d) $\left(2^{\frac{1}{2}\cdot\frac{1}{2}\cdot\frac{1}{2}}\right)^8=2^{\frac{8}{8}}=2$ (j) $(7^{\frac{1}{3}})^{\frac{1}{2}}=7^{\frac{1}{3}\cdot\frac{1}{2}}=7^{\frac{1}{6}}$
    (e) $\sqrt{\sqrt{16}}=16^{\frac{1}{2}\cdot\frac{1}{2}}=16^{\frac{1}{4}}=(2^4)^{\frac{1}{4}}=2^{\frac{4}{4}}=2$ (k) $(2^{\frac{1}{3}})^{\frac{1}{5}}=2^{\frac{1}{3}\cdot\frac{1}{5}}=2^{\frac{1}{15}}$
    (f) $(3^6)^{\frac{1}{3}}=3^{\frac{6}{3}}=3^2=9$ (l) $\left(2\cdot 5^{\frac{1}{2}}\right)^{\frac{1}{3}}=20^{\frac{1}{6}}$

37. (a) $\left(2^{\frac{3}{2}-\frac{5}{6}}\cdot 3^{1-\frac{2}{6}}\right)^2=\left(2^{\frac{2}{3}}\cdot 3^{\frac{2}{3}}\right)^2=6^{\frac{4}{3}}$ (c) $\left(a^{\frac{2}{3}}\right)^6=a^{\frac{2}{3}\cdot 6}=a^4$
    (b) $\left(2\cdot 5^{\frac{1}{3}+\frac{3}{8}}\right)^3=\left(2\cdot 5^{\frac{17}{24}}\right)^3=2^3\cdot 5^{\frac{17}{8}}$ (d) $\left(x^{\frac{1}{2}}\right)^3\cdot x^{\frac{1}{3}}=x^{\frac{3}{2}}\cdot x^{\frac{1}{3}}=x^{\frac{3}{2}+\frac{1}{3}}=x^{\frac{11}{6}}$

38. (a) $\frac{2\sqrt{7}}{7}$ (d) $\frac{\sqrt{15}}{5}$ (h) $\frac{3\sqrt{5}}{10}$ (l) $\frac{\sqrt{3}+3\sqrt{2}}{6}$
    (b) $\frac{\sqrt{3}}{3}$ (e) $2\sqrt{6}$ (i) $\frac{7\sqrt{3}}{9}$ (m) 27
                   (f) $\sqrt{33}$ (j) $\frac{9}{\sqrt{3}}$
    (c) $\frac{5\sqrt{2}}{2}$ (g) $\frac{3\sqrt{5}}{20}$ (k) $\sqrt{5}$ (n) $\frac{\sqrt{3}}{2}$

39. (a) $\frac{2\sqrt{2}}{3}$ (c) $\frac{a\sqrt{b}}{b}$ (e) $\frac{5n\sqrt{mn}}{3m}$

(b) $\frac{\sqrt{35}}{7}$ (d) $\frac{\sqrt{2ax}}{x}$ (f) $\frac{\sqrt[3]{4}y\sqrt{2x}}{2y}$

40. $\sqrt{32}-\frac{\sqrt{50}}{2}+\frac{5}{\sqrt{18}}=\sqrt{2^5}-\frac{\sqrt{5^2\cdot 2}}{2}+\frac{5\sqrt{3^2\cdot 2}}{18}=\frac{18\cdot 4\sqrt{2}-9\cdot 5\sqrt{2}+5\cdot 3\sqrt{2}}{18}=\frac{42\sqrt{2}}{18}=\frac{7\sqrt{2}}{6}$.

41. (a) $\frac{6\sqrt[4]{3^3}}{3}$ (e) $\frac{3\sqrt[3]{5^2}}{5}$ (i) $\frac{5}{\sqrt[3]{2^2 a^2}}=\frac{5\sqrt[3]{2a}}{2a}$

(b) $\frac{\sqrt[5]{7^6}}{7}$ (f) $\frac{5\sqrt[3]{2^2}}{2}$ (j) $\frac{6\sqrt[3]{3^2 x^2}}{5\cdot 3x}=\frac{2\sqrt[3]{9x^2}}{5\cdot x}$

(c) $\frac{2}{\sqrt[6]{2^4}}=\sqrt[6]{2^2}=\sqrt[3]{2}$ (g) $\frac{\sqrt[5]{3^3}}{3}$

(d) $\frac{1}{\sqrt[3]{5^2}}=\frac{\sqrt[3]{5}}{5}$ (h) $\frac{1}{\sqrt[3]{3^2 x}}=\frac{\sqrt[3]{3x^2}}{3x}$

42. (a) $\frac{3}{\sqrt[4]{3^2 a}}=\frac{3\sqrt[4]{3^2 a^3}}{3a}=\frac{\sqrt[4]{3^2 a^3}}{a}$ (g) $\frac{3\sqrt[6]{ac^4}}{abc}$

(b) $\frac{x}{\sqrt[4]{3^3 x^2}}=\frac{x\sqrt[4]{3x^2}}{3x}=\frac{\sqrt[4]{3x^2}}{3}$ (h) $\frac{6ab}{\sqrt[3]{2^2 a^2 b}}=\frac{6ab\sqrt[3]{2ab^2}}{2ab}=3\sqrt[3]{2ab^2}$

(c) $\frac{c\sqrt{3}}{\sqrt[3]{3^2 c}}=\frac{c\sqrt{3}\sqrt[3]{3c^2}}{3c}=\frac{\sqrt[6]{3^5 c^4}}{c}$ (i) $\frac{3mn}{\sqrt[6]{3^3 mn^4}}=\frac{3mn\sqrt[6]{3^3 m^5 n^2}}{3mn}=\sqrt[6]{3^3 m^5 n^2}$

(d) $\frac{1}{5a\sqrt[4]{5^2 x^3}}=\frac{\sqrt[4]{5^2 x}}{5a\cdot 5x}=\frac{\sqrt[4]{5^2 x}}{25ax}$

(e) $\frac{1}{\sqrt[5]{2^3 a^4 c}}=\frac{\sqrt[5]{2^2 ac^4}}{2ac}$ (j) $\frac{18x}{\sqrt[7]{2^5 x^3 y^2}}=\frac{18x\sqrt[7]{2^2 x^4 y^5}}{2xy}=\frac{9\sqrt[7]{2^2 x^4 y^5}}{y}$

(f) $\frac{12}{\sqrt[5]{2^3 a^2 b}}=\frac{12\sqrt[5]{2^2 a^3 b^4}}{2ab}=\frac{6\sqrt[5]{4a^3 b^4}}{ab}$ (k) $\frac{3n\sqrt[7]{a^3 b^2 c^5}}{abc}$

43. $\frac{5\sqrt{2}}{2}$

44. (a) $\sqrt{3}+1$ (d) $4+4\sqrt{2}$ (g) $1+2\sqrt{3}$ (j) $-5+4\sqrt{2}$

(b) $4+\sqrt{11}$ (e) $2-\sqrt{2}$ (h) $2+\sqrt{3}$ (k) $\frac{-21+5\sqrt{2}}{23}$

(c) $-\frac{1+\sqrt{7}}{3}$ (f) $\frac{\sqrt{15}+3\sqrt{3}}{2}$ (i) $\frac{18+5\sqrt{11}}{7}$ (l) $\frac{7+3\sqrt{5}}{2}$

45. (a) $5+2\sqrt{6}$ (f) $\frac{-9+11\sqrt{2}}{23}$ (k) $\frac{9-2\sqrt{14}}{5}$

(b) $\frac{20+8\sqrt{2}+5\sqrt{3}+2\sqrt{6}}{13}$ (g) $\frac{\sqrt{5}-\sqrt{2}}{3}$ (l) $6-\sqrt{35}$

(c) $3+2\sqrt{2}+2\sqrt{3}+\sqrt{6}$ (h) $\frac{16\sqrt{3}+3\sqrt{2}}{10}$ (m) $-\frac{3+\sqrt{5}}{2}$

(d) $-2\sqrt{5}-2\sqrt{2}+5+\sqrt{10}$ (i) $\frac{\sqrt{7}-\sqrt{5}}{2}$ (n) $\sqrt{3}+1$

(e) $-7-4\sqrt{3}$ (j) $\frac{-3+\sqrt{15}}{2}$ (ñ) $5+\sqrt{2}$

46. (a) $-5-2\sqrt{6}$ (e) $\frac{31-9\sqrt{14}}{173}$ (i) $-\frac{21+9\sqrt{6}}{5}$ (m) $-5+2\sqrt{6}$

(b) $\sqrt{2}$ (f) $\frac{4+5\sqrt{10}}{18}$ (j) $\frac{62+11\sqrt{35}}{17}$ (n) $\frac{-29+6\sqrt{21}}{17}$

(c) $6\sqrt{3}-6\sqrt{2}$ (g) $\frac{-44+7\sqrt{35}}{13}$ (k) $97-11\sqrt{77}$ (ñ) $-\frac{13+4\sqrt{10}}{3}$

(d) $\frac{23+4\sqrt{15}}{17}$ (h) $\frac{76\sqrt{3}+95\sqrt{2}}{2}$ (l) $-\frac{14+9\sqrt{6}}{5}$ (o) $\frac{-7+2\sqrt{10}}{3}$

47. (a) $5+2\sqrt{6}$ (d) $5+2\sqrt{6}$ (g) $2\sqrt{5}+2\sqrt{3}$

(b) $\frac{17+3\sqrt{35}}{2}$ (e) $-2-\sqrt{3}$ (h) $4\sqrt{3}-4\sqrt{2}$

(c) $\frac{19-7\sqrt{10}}{3}$ (f) $\frac{-1+\sqrt{7}}{2}$ (i) $6+3\sqrt{3}$

48. (a) $\log_2 2 = 1$, por la propiedad 2.
    (b) $\log_2 1024 = \log_2 2^{10} = 10\log_2 2 = 10$, por las propiedades 6 y 2.
    (c) $\log_2 \frac{1}{4} = \log_2 2^{-2} = (-2)\log_2 2 = -2$, por las propiedades 6 y 2.
    (d) $\log_3 3 = 1$, por la propiedad 2.
    (e) $\log_3 \frac{1}{81} = \log_3 3^{-4} = (-4)\log_3 3 = -4$, por las propiedades 6 y 2.
    (f) $\log_3 \frac{1}{243} = \log_3 3^{-5} = (-5)\log_3 3 = -5$, por las propiedades 6 y 2.
    (g) $\log 10 = 1$, por la propiedad 2.
    (h) $\log 1000 = \log 10^3 = 3\log 10 = 3$, por las propiedades 6 y 2.
    (i) $\log 0,00001 = \log 10^{-5} = (-5)\log 10 = -5$, por las propiedades 6 y 2.
    (j) $\log_2 \frac{1}{2} = \log_2 2^{-1} = (-1)\log_2 2 = -1$, por las propiedades 6 y 2.
    (k) $\log_2 \frac{1}{16} = \log_2 2^{-4} = (-4)\log_2 2 = -4$, por las propiedades 6 y 2.
    (l) $\log_2 \frac{1}{64} = \log_2 2^{-6} = (-6)\log_2 2 = -6$, por las propiedades 6 y 2.

49. (a) $\log_{\frac{1}{3}} \frac{1}{3} = 1$, por la propiedad 2.
    (b) $\log_{\frac{1}{3}} \frac{1}{81} = \log_{\frac{1}{3}} \left(\frac{1}{3}\right)^4 = 4\log_{\frac{1}{3}} \frac{1}{3} = 4$, por las propiedades 6 y 2.
    (c) $\log_{\frac{1}{3}} \frac{1}{243} = \log_{\frac{1}{3}} \left(\frac{1}{3}\right)^5 = 5\log_{\frac{1}{3}} \frac{1}{3} = 5$, por las propiedades 6 y 2.
    (d) $\log_5 \sqrt{125} = \log_5 5^{\frac{3}{2}} = \frac{3}{2}\log_5 5 = \frac{3}{2}$, por las propiedades 6, 7 y 2.
    (e) $\log \sqrt[3]{10000} = \log 10^{\frac{4}{3}} = \frac{4}{3}\log 10 = \frac{4}{3}$, por las propiedades 6, 7 y 2.
    (f) $\log_{\frac{1}{2}} \sqrt[5]{\frac{1}{64}} = \log_{\frac{1}{2}} \left(\frac{1}{2}\right)^{\frac{6}{5}} = \frac{6}{5}\log_{\frac{1}{2}} \frac{1}{2} = \frac{6}{5}$, por las propiedades 6, 7 y 2.

50. (a) $\log 4 = \log 2^2 = 2\log 2 = 0,6$
    (b) $\log 5 = \log \frac{10}{2} = \log 10 - \log 2 = 1 - 0,3 = 0,7$
    (c) $\log 6 = \log 2 \cdot 3 = \log 2 + \log 3 = 0,78$
    (d) $\log 8 = \log 2^3 = 3\log 2 = 0,9$
    (e) $\log 12 = \log 2^2 3 = 2\log 2 + \log 3 = 1,08$
    (f) $\log 15 = \log 3 \cdot 5 = \log 3 + \log 5 = 1,18$
    (g) $\log 18 = \log 2 \cdot 3^2 = \log 2 + 2\log 3 = 1,26$
    (h) $\log 24 = \log 2^3 3 = 3\log 2 + \log 3 = 1,38$

51. (a) $\log 25 = \log 5^2 = 2\log 5 = 1,4$
    (b) $\log 30 = \log 3 \cdot 10 = \log 3 + \log 10 = 1,48$
    (c) $\log 36 = \log 6^2 = 2\log 6 = 1,56$
    (d) $\log 40 = \log 2^2 10 = 2\log 2 + \log 10 = 1,6$
    (e) $\log 45 = \log 3^2 5 = 2\log 3 + \log 5 = 1,66$
    (f) $\log 60 = \log 6 \cdot 10 = \log 6 + \log 10 = 1,78$
    (g) $\log 72 = \log 2^3 \cdot 3^2 = 3\log 2 + 2\log 3 = 1,86$
    (h) $\log 75 = \log 3 \cdot 25 = \log 3 + \log 25 = 1,88$

52. (a) $\log 14,4 = \log \frac{144}{10} = \log \frac{2^4 3^2}{10} = 4\log 2 + 2\log 3 - \log 10 = 1,16$
    (b) $\log 0,048 = \log \frac{48}{1000} = \log \frac{2^4 3}{10^3} = 4\log 2 + \log 3 - 3\log 10 = -1,32$
    (c) $\log 2,88 = \log \frac{288}{100} = \log \frac{2^5 3^2}{10^2} = 5\log 2 + 2\log 3 - 2\log 10 = 0,46$
    (d) $\log 0,015 = \log \frac{3}{200} = \log \frac{3}{2 \cdot 10^2} = \log 3 - \log 2 - 2\log 10 = -1,82$
    (e) $\log 3600 = \log 2^2 \cdot 3^2 \cdot 10^2 = 2\log 2 + 2\log 3 + 2\log 10 = 3,56$
    (f) $\log \sqrt{5,76} = \log \left(\frac{576}{100}\right)^{\frac{1}{2}} = \frac{1}{2}\log \frac{2^6 \cdot 3^2}{10^2} = \frac{1}{2}(6\log 2 + 2\log 3 - 2\log 10) = 0,38$

53. (a) $\log \sqrt[3]{240} = \log \left(2^3 \cdot 3 \cdot 10\right)^{\frac{1}{3}} = \frac{1}{3}(3\log 2 + \log 3 + \log 10) = 0,95\widehat{3}$

(b) $\log \frac{\sqrt{5,4}}{12,8} = \log\sqrt{5,4} - \log 12,8 = \log\left(\frac{54}{10}\right)^{\frac{1}{2}} - \log\frac{128}{10} = \frac{1}{2}\log\frac{2\cdot 3^3}{10} - \log\frac{2^7}{10} = \frac{1}{2}(\log 2 + 3\log 3 - \log 10) - 7\log 2 + \log 10 = -0,73$

(c) $\log\frac{10,8}{\sqrt{14,4}} = \log 10,8 - \log\sqrt{14,4} = \log\frac{108}{10} - \frac{1}{2}\log 14,4 = \log\frac{2^2 3^3}{10} - \frac{1}{2}\cdot 1,16 = 2\log 2 + 3\log 3 - \log 10 - 0,58 = 0,46$

(d) $\log 6,4\cdot\sqrt{2,4} = \log 6,4 + \log\sqrt{2,4} = \log\frac{64}{10} + \frac{1}{2}\log\frac{24}{10} = \log\frac{2^6}{10} + \frac{1}{2}\log\frac{2^3\cdot 3}{10} = 6\log 2 - \log 10 + \frac{1}{2}(3\log 2 + \log 3 - \log 10) = 0,99$

(e) $\log\frac{1,25}{\sqrt{0,32}} = \log 1,25 - \log\sqrt{0,32} = \log\frac{10}{8} - \frac{1}{2}\log\frac{32}{100} = \log\frac{10}{2^3} - \frac{1}{2}\log\frac{2^5}{10^2} = \log 10 - 3\log 3 - \frac{1}{2}(5\log 2 - 2\log 10) = 0,35$

(f) $\log\sqrt{3,2}\cdot\sqrt{1,6} = \log(5,12)^{\frac{1}{2}} = \frac{1}{2}\log\frac{512}{100} = \frac{1}{2}\log\frac{2^9}{10^2} = \frac{1}{2}(9\log 2 - 2\log 10) = 0,35$

(g) $\log\frac{\sqrt{0,025}}{8} = \log\sqrt{\frac{1}{40}} - \log 8 = \frac{1}{2}\log\frac{1}{2^2\cdot 10} - \log 2^3 = \frac{1}{2}(-2\log 2 - \log 10) - 3\log 2 = -1,7$

(h) $\log\frac{3,2^3\cdot 0,64^5}{0,0125\cdot\sqrt[4]{80^3}} = 3\log 3,2 + 5\log 0,64 - \log 0,0125 - \frac{3}{4}\log 80 = 3\log\frac{2^5}{10} + 5\log\frac{2^6}{10^2} - \log\frac{1}{2^3\cdot 10} - \frac{3}{4}\log 2^3\cdot 10 = 3(5\log 2 - \log 10) + 5(6\log 2 - 2\log 10) - (-3\log 2 - \log 10) - \frac{3}{4}(3\log 2 + \log 10) = 0,975$

(i) $\log\frac{1}{6561} = \log\frac{1}{3^8} = -8\log 3 = -3,84$

(j) $\log\left(\frac{12}{5}\right)^5 = 5\log\frac{12}{5} = 5\log\frac{24}{10} = 5\log\frac{2^3\cdot 3}{10} = 5(3\log 2 + \log 3 - \log 10) = 1,9$

(k) $\log\sqrt[3]{\frac{9}{5}} = \frac{1}{3}\log\frac{18}{10} = \frac{1}{3}\log\frac{2\cdot 3^2}{10} = \frac{1}{3}(\log 2 + 2\log 3 - \log 10) = 0,08\widehat{6}$

(l) $\log\sqrt[4]{781,25} = \frac{1}{4}\log\frac{100000}{128} = \frac{1}{4}\log\frac{10^5}{2^7} = \frac{1}{4}(5\log 10 - 7\log 2) = 0,725$

54. (a) $\log_2\frac{\sqrt[6]{64}\cdot 4^2}{2^5\cdot\sqrt[3]{512}} = \log_2\frac{\sqrt[6]{2^6}\cdot 2^4}{2^5\cdot\sqrt[3]{2^9}} = \log_2\frac{2\cdot 2^4}{2^5\cdot 2^3} = \log_2\frac{2^5}{2^8} = \log_2 2^{-3} = -3$

(b) $\log_3\frac{27\cdot\sqrt{729}}{81\cdot\sqrt[3]{27}} = \log_3\frac{3^3\cdot\sqrt{3^6}}{3^4\cdot\sqrt[3]{3^3}} = \log_3\frac{3^3\cdot 3^3}{3^4\cdot 3} = \log_3\frac{3^6}{3^5} = \log_3 3 = 1$

55. (a) $\log_5\frac{25\cdot\sqrt[4]{625}}{125} = \log_5\frac{5^2\cdot\sqrt[4]{5^4}}{5^3} = \log_5\frac{5^2\cdot 5}{5^3} = \log_5 1 = 0$

(b) $\log_7\frac{49\cdot\sqrt[3]{343}}{\sqrt{2401}} = \log_7\frac{7^2\cdot\sqrt[3]{7^3}}{\sqrt{7^4}} = \log_7\frac{7^2\cdot 7}{7^2}\log_7 7 = 1$

(c) $\log_2\sqrt[3]{16\cdot 4^3} = \log_2\sqrt[3]{2^4\cdot 2^6} = \log_2\sqrt[3]{2^{10}} = \log_2 2^{\frac{10}{3}} = \frac{10}{3}$

(d) $\log_3\frac{9\sqrt{27}}{\sqrt[5]{81}} = \log_3\frac{3^2\sqrt{3^3}}{\sqrt[5]{3^4}} = \log_3\frac{3^{\frac{7}{2}}}{3^{\frac{4}{5}}} = \log_3 3^{\frac{7}{2}-\frac{4}{5}} = \frac{27}{10}$

56. (a) $x = 5$ (c) $x = 16$ (e) $x = 9$

(b) $x = 6$ (d) $x = \frac{1}{16}$ (f) $x = 7$

57. (a) $x = 2$ (c) $x = 10$ (e) $x = \frac{1}{3}$

(b) $x = \frac{1}{25}$ (d) $x = 4$ (f) $x = 7$

58. $\log_a b\cdot\log_b a = $ (Propiedad 8) $= \frac{\log b}{\log a}\cdot\frac{\log a}{\log b} = 1$

59. $\log_{\frac{1}{a}} a\cdot\log_b\frac{1}{b} = \log_{\frac{1}{a}}\left(\frac{1}{a}\right)^{-1}\cdot\log_b b^{-1} = (-1)\log_{\frac{1}{a}}\frac{1}{a}\cdot(-1)\log_b b = (-1)^2 = 1$

60. $\log_{10} a + \log_{10} b = \log_{10} ab = 0 = \log_{10} 1$, por lo que $ab = 1$, es decir, han de ser inversos uno del otro.

61. $\log_{10} b = \log_{10} a + \log_{10} 5 = \log_{10} 5a$, por lo que $b = 5a$.

62. $\log_a 32N = \log_a 32 + \log_a N = \log_a 32 + 2 = 5$, por lo que $\log_a 32 = 3$, y así, $a = \sqrt[3]{32}$.

www.ingramcontent.com/pod-product-compliance
Lightning Source LLC
Chambersburg PA
CBHW041538220426
43663CB00002B/74